图解服务的细节
106

鸟貴族「280円均一」の経営哲学

餐饮连锁
如何快速扩张

烤串连锁店"鸟贵族"的经营哲学

［日］大仓忠司 著

石旸旸 译

人民东方出版传媒
People's Oriental Publishing & Media
東方出版社
The Oriental Press

图字：01-2020-0533 号

TORIKIZOKU "280YEN KINITSU" NO KEIEITETSUGAKU by Tadashi Okura
Copyright © 2012 Tadashi Okura
All rights reserved.
Original Japanese edition published by TOYO KEIZAI INC.
Simplified Chinese translation copyright © 2019 by Oriental Press,
This Simplified Chinese edition published by arrangement with TOYO KEIZAI INC., Tokyo,
through Hanhe International (HK) Co., Ltd.

中文简体字版专有权属东方出版社

图书在版编目（CIP）数据

餐饮连锁如何快速扩张：烤串连锁店"鸟贵族"的经营哲学 /（日）大仓忠司 著；
石旸旸 译. —北京：东方出版社，2021.1
（服务的细节；106）
ISBN 978-7-5207-1870-7

Ⅰ.①餐… Ⅱ.①大… ②石… Ⅲ.①饮食业—连锁经营—经验—日本 Ⅳ.①F719.3

中国版本图书馆 CIP 数据核字（2020）第 240762 号

服务的细节 106：餐饮连锁如何快速扩张：烤串连锁店"鸟贵族"的经营哲学
(FUWU DE XIJIE 106: CANYINLIANSUO RUHE KUAISU KUOZHANG: KAOCHUANLIANSUODIAN "NIAOGUIZU" DE JINGYINGZHEXUE)

作　　者：	［日］大仓忠司
译　　者：	石旸旸
责任编辑：	申　浩　高琛倩
出　　版：	东方出版社
发　　行：	人民东方出版传媒有限公司
地　　址：	北京市西城区北三环中路 6 号
邮　　编：	100120
印　　刷：	鸿博昊天科技有限公司
版　　次：	2021 年 1 月第 1 版
印　　次：	2021 年 1 月第 1 次印刷
开　　本：	880 毫米×1230 毫米　1/32
印　　张：	5.125
字　　数：	93 千字
书　　号：	ISBN 978-7-5207-1870-7
定　　价：	58.00 元

发行电话：(010) 85924663　85924644　85924641

版权所有，违者必究
如有印装质量问题，我社负责调换，请拨打电话：(010) 85924602　85924603

前　言

我姓大仓，鸟贵族现任董事长。

首先，请允许我来简单地为大家介绍一下我们的企业——鸟贵族。

自在大阪东部创建以来，鸟贵族已经走过了 27 个年头。

从创建的第一天起，只要是营业时间，鸟贵族的每个店铺门口都会挂上一块写着"自我陶醉中"的木牌（如右图所示）。

上图为我们店铺的招牌菜——贵族烤串。

比起一般烤串店里卖的烤鸡肉串,这款"贵族烤串"所用的鸡肉量是它们的3倍。然而,我们的定价却只要2串280日元(通常日本烤串店的烤鸡肉串定价为1串108日元,然而鸟贵族推出的这款比正常鸡肉量多两倍的"贵族烤串"却只要1串140日元)。

主食(米、面)品类也相当丰富。营养满分的"鸡白汤面"用熬到奶白色的香浓鸡汤做底,是我们店里非常受欢迎的单品之一(如下图所示)。

前言

不仅仅是烤串，我们店里所有的菜品、饮品，都是统一价280日元。

"新贵族炸鸡块"（如上图所示）和贵族烤串一样深受新老顾客的欢迎。

包括"恺撒沙拉"（如下图所示）在内，一共有5款不同的沙拉。这些配套的小凉菜，是我们为了成为一家有特色的烤串店，配合着店里烤串的味道特意单独开发出来的。

我们只选用国产的新鲜鸡肉，而每一个鸡肉串都是我们在店内手工精心制作完成的（如下图所示）。

前言

在鸟贵族总部大厅的墙上贴着一张全国所有门店的分布图（如上图所示）。总体分布呈现以关西为中心，向首都圈、东海圈广泛扩展的格局。

迄今为止，关西圈、首都圈、东海圈的鸟贵族店铺总计有300家。

在黄金地价的东京市内，我们一般选择开设一些地下店铺以及阁楼店铺。即使是这些不太起眼的小店铺，每天也是大排长龙，食客爆满。对此，我们由衷地感谢顾客的爱戴。

看到这里，读者也许会满脸疑惑。现场手工制作的日本国产新鲜鸡肉串是怎么做到以280日元的低价在鸟贵族出售的呢？所谓的"统一价280日元"又会不会仅仅是一个噱头呢？实际的菜品是不是会以更高的价格出售，比如300日元等等。这样的困惑和质疑也许会自然而然地涌现在各位的脑海里。

我常常在一些刊物的读者反馈栏中看到这些疑惑。简单地说，自从创业以来，鸟贵族一直坚持的就是统一且低廉的定价模式。经过26年的风风雨雨，我们依然奉行这样的信念，目的就是希望能打动更多的顾客。

打个比方，一家汽车制造商对外宣称：我们坚持生产30万日元的车。众所周知，想要制造出售价30万日元的低价车，难度相当大。如果将30万日元的售价作为完成目标的话，就不得不在原材料上选择相对低端的东西，同时还必须尽量削减人工费。除此之外，还有可能会面临没有足够资金去采购合适的零件设备的问题。所以，这样生产出来的车，先不提舒适度和高性能，仅仅是安全性能都可能得不到保障。

因此，生产低价车的汽车制造商必须严格保证自己产品的安全性，同时顾及舒适度和高性能。否则，顾客是绝对不会想要购买他们的低价车的。

对我们鸟贵族来说也是这个道理。

虽然我们的定位是"统一价280日元"的低价店铺，但若不能完美保证菜品的味道、舒适的用餐环境以及高质量的服务的话，就算是价格再低廉也不会有顾客想要光顾。

为了实现"统一价280日元"的承诺，也为了让更多的顾客成为常客，我们始终如一地坚持着自己引以为傲的经营信念，并在此基础上苛刻地要求员工们具备高超的工作能力。我创作这本书就是想要跟大家详细地分享这些内容。

在第一章中，我先为大家介绍一下鸟贵族的历史，以及一个企业文化的重中之重——信念和价值观。

在第二章中，我将为大家揭秘鸟贵族如何以280日元的低价来保证肉类的品质。

在第三章中，我想和大家分享一下怎样才能培养出让客人满意的优秀服务员。

鸟贵族是连锁经营企业。众所周知，有时候在一家店铺或者十家店铺可以实现的运营模式，如果放到100家以上的店铺，却可能出现有心无力的情况。那么，作为拥有300家店铺的连锁企业，鸟贵族究竟是如何做到用统一的模式来管理的呢？我将在第四章为大家揭晓其中的秘密。

此外，我一直梦想着有朝一日鸟贵族能够发展成拥有2000家连锁店的大规模企业，并且始终坚持"统一价280日元"的定位不动摇。那么，如何才能实现这个目标呢？我将在第五章详细阐述对鸟贵族的企业未来规划。

通过这本书，首先，我希望大家能够了解我们能够成为今天的鸟贵族的原因，以及鸟贵族全体成员到底是凭借着怎样的信念和决心去用心守护每一天的。

其次，不仅仅是居酒屋、烤串店，其他餐饮界的同行也请务必来看一看这本书。包括鸟贵族在内，整个餐饮业其实就是一个让人们通过一同就餐来促进交流，从而增进感情、获得快乐的行业。希望通过这本书，能使整个餐饮业更上一层楼。

虽然这是一本以餐饮业为主题介绍如何去经营的书，但其中关于如何削减开支、如何坚守作为一家企业应有的责任和义务等内容，对于餐饮界以外的商界也是有很多启示和帮助的。

希望大家能更加喜爱鸟贵族。

希望餐饮界以及其他商界的朋友们能够从这本书中获得启发。

希望整个日本社会可以从这本书中获得力量。

怀抱着以上美好愿景，我仔细斟酌总结多年来的成败得失，终于创作出了这本书。

目 录

第1章
改变世界的信念"统一价280日元"

- 始终沉醉在"自我陶醉中"的鸟贵族正在作为一家烤串店改变着世界 ………………………………………………………… 003
- "自我梦想=公司利益=社会贡献"——我们矢志不渝的准则 ……………………………………………………………… 005
- "鸟贵族,一直到永远"——我们怀揣着梦想启程了 … 006
- 开拓新的市场。这份决心的背后是"门可罗雀的那些天" ………………………………………………………………… 009
- "统一价280日元的理由"——便宜并不意味着一定大卖 …………………………………………………………… 012
- 我们的经营之魂——用自己想要的价格推出自己想要推出的菜品 ……………………………………………………… 018
- 决不参与价格竞争这种恶性商战——我们的竞争对手只有我们鸟贵族自己 …………………………………………… 020

I

第2章
"统一价280日元，低价却美味"的秘密

- 质疑声一：鸡肉会不会是从国外进口的廉价货？ ……… 025
- 质疑声二：鸡肉串该不会是事先穿好的吧？ …………… 028
- 营业效率≤顾客的笑脸。即便是成本变高也当有所坚持 ……………………………………………………………… 030

  【秘诀1】不开展多栖产业 ………………………… 031
- 正是因为极度明确希望销售的物品，才获得顾客如此多的支持 …………………………………………………… 032
- 坚持单一产业才能够保证高品质产品的供应 ………… 033

  【秘诀2】精简菜单 ………………………………… 035

  【秘诀3】不和其他同行竞争 ……………………… 038

  【秘诀4】超脱行业范围，定期考察有价值的竞争对手 ……………………………………………………… 039

  【秘诀5】通过"地产地销"来实现产品质量高且成本低 ……………………………………………………… 041

  【秘诀6】不强制消费开胃菜 ……………………… 042

  【秘诀7】舍弃所谓的"炭火烧烤原则" …………… 045

  【秘诀8】与快餐相媲美的上菜速度——提高顾客流动率 ……………………………………………………… 047

【秘诀9】 在不影响店铺经营的方面削减开支 ………… 049
【秘诀10】 非营利部门，即使是总部办公室也不能
浪费钱 ………… 050
【秘诀11】 保证适当的员工数——淘汰不必要的员工也
是增加利润的源泉 ………… 052
【秘诀12】 在东京，哪怕是阁楼或者地下室也有店铺。
即便是地狱门口也可以开店 ………… 054

第3章
"我们是鸟贵族人"企业自豪感的培养法则

- "我们是鸟贵族人" ………… 061
- 我们不是做酒水生意。首先从定义好公司的路线开始
  ………… 063
【法则1】 工作中不喝酒，也不陪酒 ………… 064
【法则2】 从拥有3家连锁店开始就加入社会保险 ………… 065
【法则3】 避免过劳，避免低薪水 ………… 066
【法则4】 一切的判断标准就是"好和坏" ………… 067
【法则5】 培养能把理所当然的事理所当然地做好的人
  ………… 069
【法则6】 决不让没有做人原则的人任职管理岗 ………… 070
【法则7】 用自己的语言来阐述什么是"自我陶醉"和
"志向" ………… 071

【法则8】在店内培养"自我陶醉"精神，加深与企业间的牵绊 ………………………………………… 074

【法则9】对在店里负责穿串的钟点工们也普及企业理念 ………………………………………………………… 075

【法则10】从不录用那些无法赞同企业文化的人 ……… 077

【法则11】保证员工的培养和评价系统公开透明 ……… 078

【法则12】就算员工增多，也要一个个认真对待——面对面地交流 …………………………………… 079

【法则13】重视每一个员工的灵感——通过邮件征集改善方案 ………………………………… 081

第4章
"美味且统一价280日元"是鸟贵族连锁经营的铁则

- 坚持菜品低价化、服务高效化的连锁经营方针不动摇 ………………………………………………………… 085
- 从个体经营到连锁发展 ……………………………… 088
- 从创业初期就胸怀连锁店数量达到1000家的野心 …… 090
- 只有10家店的话，人和物都能事无巨细地掌控 ……… 092
- 拥有超过100家店的话，就必须制定保证营业质量的统一经营战略 ………………………………………… 093

【铁则1】坚守统一经营指南，保证菜品系统化 ……… 097

【铁则2】每家店铺都可自行开发特色菜单 …………… 099

【铁则3】我们的信念"坚守不变的味道" …………… 102

【铁则4】尽量避免因管理不到位而造成的经营风险 … 105

【铁则5】和其他的连锁加盟店携手同行 …………… 107

【铁则6】珍惜每一个志同道合的伙伴 …………… 109

【铁则7】进军未知的领域时需要适度变通 …………… 111

第5章
向2000家店铺的目标奋进

- 参照其他店铺,快速开店 …………………………… 115
- 居酒屋的经营环境相当残酷。必要时,可考虑开拓新市场 …………………………………………………… 117
- 业界的界限越来越模糊。正因如此,我们才要进步更多 … 118
- 从2016年起开拓海外新市场 …………………………… 120
- 使当地的人们享受到更多的美食,在海外我们也能"自我陶醉" …………………………………………… 121
- 开拓海外市场不分早晚 …………………………… 122
- 与梦想同行,立足现代,撰写未来 …………………… 124
- 下一届董事长,贤者任之。愿企业屹立不倒 …………… 126
- 追梦一生,愿自己能带着对梦想的执着和不甘走到生命的尽头 ………………………………………………… 129

V

第 1 章

改变世界的信念 "统一价280日元"

鸟贵族的店铺入口处，总是挂着一块写着"自我陶醉中"的木牌。这块木牌被我们用来代替传统的营业标志"正在营业中"。我们所有店铺前悬挂的这些木牌，都是我一个个用心亲手写出来的。所有商品"统一价280日元"的鸟贵族，至今已经成长为拥有300家连锁店的品牌。而我们鸟贵族人的信念和价值观，都融汇在"自我陶醉中"这一句简单的话里。

始终沉醉在"自我陶醉中"的鸟贵族正在作为一家烤串店改变着世界

店铺入口处挂着写着"自我陶醉中"的木牌。这些文字到底有着怎样的意义呢？对鸟贵族人来说，这正是我们创业以来，始终如一坚持贯彻的营业理念，也是我们的信念。

我们就是要靠着这小小的烤串店去改变世界
全心全意为您烤制鸡肉串
然后怀着发自内心的微笑，为您奉上这样一份精心制作的烤鸡肉串

吃过烤串之后，客人那洋溢着幸福的笑脸

临走之前，那一声让我们心花怒放的赞赏"真好吃啊"

客人的那些笑脸，那些赞美的话语，对我们来说就是喜悦的源泉

通过这样的心与心的交融，我们梦想着照亮整个世界

小小烤串店而已，并不简单的烤串店

鸟贵族会将这份自我陶醉的信念

永久地秉持下去

我们作为一家烤串店想要去改变这个世界。也许会有人觉得这种想法简直太夸张了。就算我们仅仅是一家小小的烤串店，但是我们并不简单。通过经营烤串店这项事业，我们在改变世界。那种"自我陶醉"的满足感和信念，我们日复一日地在贯彻坚持。因此我们将我们的信念和坚持都浓缩成一块写着"自我陶醉中"的木牌挂在店铺的入口。

我们的员工中有很多人正是因为喜欢"自我陶醉"才选择在鸟贵族工作的。

此外，虽然不是强制要求，但是据店长们反映，不管是正式社员还是临时工，大家都在心底记住了这句话。当我听到这些反映的时候，内心不由自主地被深深感动。因为这恰恰证明

了，我和员工们都怀揣同样名为"自我陶醉"的志向。

● "自我梦想=公司利益=社会贡献"——我们矢志不渝的准则

一个人不管想要成为什么，最初激励自己的往往就是梦想和欲望。想要女人蜂拥而至、想要开豪车、想要住豪宅……对于这些欲望本身我并不想去否定。因为这些欲望往往能成为一个人奋发图强的动力，而奋发努力本身并没有什么不好。

但是，仅仅是追逐物质的人生注定是空虚的，沉溺在自己欲望海洋的人生也注定不会充实。

在我看来，上天赐予我们生而为人，就要为了世界、为了大众去好好活着，这样才是对生命的尊重。自私自利，并不能激励一个人努力奋斗。

而且，就算是立足于企业这个集体，如果是单单为了自己公司的利益最大化，到最后往往容易走上不惜违反法律和道德也要挣钱的不归路。

相反，如果将对社会的贡献过于功利化，不顾自己的实际能力，勉强自己在文化事业以及帮助弱势群体的公益事业上付出过多的话，则极其容易本末倒置，从而荒废自己的企业经营，到最后可能连自己企业的生存都成问题。

对于我们来说，重要的是：自我梦想=公司利益=社会贡献这个公式，才是我们要努力达成的。此外，只有能给社会带来贡献的梦想才能称作"志向"。这种"志向"才真正是能够鼓舞员工，促进社会发展的原动力。

对我而言，我的志向是"凭借着小小的烤串店，照亮整个世界"。

目前，志同道合的伙伴们纷纷聚集在鸟贵族，大家每天陶醉在企业的志向中，为创造更好、更明媚的世界贡献着自己的力量。

这就是我们鸟贵族的"传奇"。

● "鸟贵族，一直到永远"——我们怀揣着梦想启程了

鸟贵族的传奇，始于 1985 年。

1 号店面起源于大阪东。在近畿地区日本铁路线的大阪环线路段，也就是俊德道火车站附近，我们的第一家店开业了。

那是一间非常狭小的店铺。只有 9 坪①左右，总共 27 个座位，面积还不到现在鸟贵族店铺的四分之一。开业的启动资金是 1200 万日元。其中包括我自己多年攒下的 200 万日元现金，以及将老家的房子抵押给银行贷款而来的 1000 万日元。虽然是

---

① 1 坪约为 $3.3m^2$。

一间小得不能再小的店,却也是我拿出多年的积蓄奋力一搏的挑战。

那年我只有25岁。然而餐饮行业和我的缘分,却还要往前追溯9年,回到我16岁的时候。

那时我在一家大排档打工,负责烤串和关东煮的工作。每天我都很开心地做着这份工作。那之后,酒吧、意大利餐厅、小酒馆等,我都体验了一番。一直到创业那年,我辗转体验了各种各样的餐饮行业。

现在的企业名虽然已经改为"株式会社鸟贵族"了,但在创业后的24年里,一直使用着另一个名字——"株式会社永恒服务"。

创业初期,我反反复复地问过自己,作为一个经营者,对我来说最重要的到底是什么呢?经过了一遍遍的扪心自问,最终我找到了答案。那就是,我希望可以开创一家"永恒的公司"。永恒,也就是永久的意思。我希望能够通过这份烤串店的事业,创造一家可以永远存在的企业。

不管是什么公司,一旦破产,就会给顾客、供货方以及员工们带来不可估量的灾难,甚至足以颠覆很多人的人生。对于所有与企业相关联的人或物,企业都应该,也有义务对他们负责。我从未忘记这份责任感。

这是1985年开业的俊德店。当时的招牌,以及店铺的装潢风格都和现在相差无几。经营整整一年还看不到任何希望,是一次失败的开店体验。但是,这里是我们鸟贵族的起点。

创业初期的我(左),以及和我一起经历风雨患难的中西卓己(现任总经理)。

为了能将烤串店这份事业永远地坚持下去,我在内心反复思量。这些心得和体会,我将会在这本书中为大家详细地介绍。首先我想和大家分享的是,我的初衷——成为"烤串界的麦当劳"。

众所周知,麦当劳是美国一家单一的大型连锁餐饮企业,并且凭借着亲民的定价成功在全日本扩张,门店达到3000家以上。

我的目标就是创立一家像麦当劳那样,以统一且合理的价格来争取每一位顾客喜爱的烤串店。这份信念甚至也深深地影响着一些在鸟贵族里临时打工的年轻孩子。现在,这些临时打工的孩子中已经有三个成为企业的正式员工,还有一个成为鸟贵族加盟店的店长。

● 开拓新的市场。这份决心的背后是"门可罗雀的那些天"

我们将"贵族"这个概念,全心全意地注入到了"鸟贵族"这个店名里。

这个名字代表着我们将每一位顾客当作贵族一样认真对待的态度。而这也是我们为了让顾客满意应该提供的最基本的服务。

其次也是为了让店名听起来比较年轻时尚。

那个年代的日本，一说起烤串店，每个人的印象大概都是"大叔们的聚集地"。女性和年轻人基本上不会想要踏足。为了改变这样的固有印象，也为了让大家觉得鸟贵族是一家时尚年轻的饮食店，我们千挑万选之后才定下了"鸟贵族"这个名字。字体设计上也特意选择了圆圆的可爱的样式，目的就是希望能够吸引女性以及年轻一族的顾客群。

就这样，我们坚持创新，开拓了新的客户群。那些曾经根本算不上烤串店客户群的女性和年轻一辈也已俨然成为我们最主要的客户。当时的鸟贵族1号店，甚至被年轻人亲昵地称作"小小鸟"。"我在小小鸟等你哦"，这是我偶然在店里听到一位顾客打电话时说的话。从那时我才知道，原来大家竟是如此亲切地称呼着这家店。那一瞬间，我心里犹如百花齐放，不自觉就笑出声来。如今鸟贵族的卡通形象小小鸟，就是来自当时的那个爱称。

此外，这份开拓年轻客户群的想法也被全面运用在店铺设计上。当时最初的1号店占地9坪，虽然与现在的鸟贵族的店铺规模相比相差甚远，只有现在店铺统一规格的四分之一左右。但是与当时日本一般的烤串店相比，鸟贵族1号店的9坪可谓是相当大规模了。这是因为当时市面上一般烤串店通常采用的都是烟熏火燎的紧凑型布局，而鸟贵族的1号店为了给年轻人和女性营造一个舒适的用餐环境，特意采用了较为宽松的布局。

第1章 改变世界的信念"统一价280日元"

对于店铺外围的装饰，我们摒弃了在店铺门口点灯笼的传统，也不像市面上烤串店的主流那样去穿和服走和风。为了改变大家对烤串店的固有印象，也为了突出鸟贵族和市面上一般烤串店的质的区别，我们店里的服务人员一律穿着清新时尚的T恤款制服。

为了能够长久地将这份烤串事业坚持下去，鸟贵族突破了现有烤串店的固有模式，开拓了属于我们的新市场。这就是我们鸟贵族用心描绘开拓出的一番新天地。

为了做到和市面上一般烤串店划清界限，也考虑到年轻人和女性客户群，我们统一将工作服替换成了清新的T恤款制服。

在鸟贵族的这份伟大的梦想和志向的背后，最初的1号店却经历了许多不为人知的困难。当时的1号店并没有想象中那样开业就一炮而红。1号店开业初期，每一天的经营情况都几乎可以用"门可罗雀"来形容。

鸟贵族的1号店位于俊德道火车站前的步行商业街，那里是我从小长大的地方。但是，俊德道火车站根本不是什么特别繁华的地方，甚至可以说，这是整条铁路线上客流量最少的车站。

1号店开业准备初期，在我和进货商商谈进货渠道的时候，他问道："你的新店准备开在哪儿呀？"我刚回答了"俊德道火车站附近"这一句，进货商的老板娘就惊呼"那里可不是什么好地方，干啥啥不行"，根本毫不犹豫地就脱口而出，那个尴尬的场景我至今记忆犹新。虽然那位进货商立刻就呵斥了他老婆，让她不要瞎说，但由此可见，当时的事实就是，1号店就开在这样一个人人都认为不好的地方。

● "统一价280日元的理由"——便宜并不意味着一定大卖

当时的1号店，经营惨淡，鸟贵族似乎深陷泥潭，看不到一丝希望。

一直支撑着我度过那个难熬的时期的，是一本名为《居酒屋　开展大型贸易的战略构想》的书。这本书是连锁居酒屋的龙头企业"村来"的创始人清宫胜一董事长的著作。在读这本书的时候，我了解到"村来"的第一家店在开业初期，竟然也有过和我们鸟贵族相似的经历，可谓经营惨淡、门可罗雀。即便如此，"村来"后来却发展成了连锁居酒屋的行业龙头，并成功地在全日本掀起了一股去居酒屋的热潮。

是啊，就连如今的龙头老大"村来"在创业初期也同样经营惨淡过，那我如今1号店的困境又算得了什么呢，又有什么好怕的呢？我坚信总有一天，鸟贵族也会迎来门庭若市的盛况。

就这样，在那段困难的日子里，我每天晚上都会拿起一直放在枕头旁的那本《居酒屋　开展大型贸易的战略构想》，认认真真、反反复复地阅读。尤其是那些描述艰难的创业初期的文字，我一遍一遍地阅读，一次一次地从中获得力量，激励自己振作起来，坚持住，继续努力。

那种漫长、暗无天日的惨淡状况持续了一年。一年以后，我提出并且实施了全部菜品"统一价250日元"的经营策略，鸟贵族也从此走出泥潭，并开始一飞冲天。当时1号店的这个经营策略就是现在鸟贵族"统一价280日元"策略的前身。

也许读者会有疑惑，为什么我会突发奇想去制定这样的经营策略呢？

说起这个，那就不得不提及创业之前的故事了。

从到了能喝酒的年龄开始，我就喜欢上了一家土灶烧烤店，那段时间几乎可以说是一有空就去。那家土灶烧烤店，就是采用"统一价230日元"的经营策略。那家店不光是菜品很便宜，点菜也非常有趣。每次点菜的时候，我总是兴致满满地研究菜单，满脑子都在计算着，考虑着"这个菜好划算呀""这个菜本身原材料就便宜吧"，等等。当真正到了菜品上桌的时候，通常都会有一种揭晓谜题的感觉，我经常会不由自主地发出"啊，果然如此""好出乎意料呀，竟然这么划算"的感叹。当自己幸运地选到一道特别划算的菜品的时候，那种幸福感简直无法用语言来形容。

正是因为有这样亲身的消费体验，所以从创业的第一天起，我就打算要以统一定价的方式来经营。可是当实际开始制定菜单和定价表时，我又没办法狠下心来了。其中很大一部分原因是酒水，尤其是啤酒，本身的进货价就很高，一旦统一定价很容易导致入不敷出。我还清楚地记得，因为当时有些东西的进货价本身就已经超过200日元了，所以我断定统一价250日元根本没有利润空间，于是就放弃了统一定价的想法。作为候补方案，我选择了将定价分为150、250、350日元三个层次。

然而当真正开始营业以后，我发现这个三个层次的定价方式并不能引起客人的兴趣，于是就出现了开业初期"门可罗雀"的情形。毫不夸张地说，如果那种惨淡的状态再继续下去的话，1号店就真的只能关门大吉了。

要果断地将店铺的所有菜品及酒水都以统一价250日元进

行销售，确实需要很大的决心和勇气。那个时候，我根本没时间去细致地计算这每一步的利润。冥冥之中有一种直觉，那就是，如果再这样碌碌无为、平平淡淡地经营下去的话，鸟贵族迟早要破产。所以，改变是必需的，一定要做点什么去抓住顾客的眼球，提起他们的兴趣。

结论就是，鸟贵族店铺的所有菜品及酒水一律以统一价250日元进行销售。

虽说确定了这样的营销策略，但当时的我已经没有多余的精力去制作传单进行宣传了。因此店里的客人并没有一下爆满，而是渐渐地，随着大家口口相传，回头客不断带来新顾客，店里开始日渐兴隆起来。仅仅用了一年的时间，店里的营业额就足足增加了40%。那一刻，我明白了这个道理。只要能够做到让顾客真正满意开心，店里的生意就能长盛不衰。

1989年日本社会开始实行消费税制度，加上消费税以后鸟贵族的定价也随之变成了280日元。20世纪80年代和90年代的日本正处于泡沫经济的顶峰，随着之后泡沫经济的幻灭，整个日本经济萎靡不振，就连IT业和房地产业也都一片萧条。然而就算是在这样百业萧条的时期，我们的鸟贵族却一次都不曾陷入低谷。

当然了，鸟贵族一开始的连锁扩张速度也并没有旁人想象的那样快。甚至可以说恰恰相反，鸟贵族像一只行动迟缓的鸟龟一样一点一点地挪动脚步。这种龟速前进的状态大概一直持续了 15 年，每年保持大约 1 家新店的开业速度。我永远都忘不了，从开业 15 年后的一天起，鸟贵族整个企业的前进速度发生了翻天覆地的变化。也就是从那时候起，鸟贵族开始以闪电般的速度向西面八方扩张。那一天，在 2003 年，是"阪神 Tigers"棒球队（简称"阪神队"）时隔 18 年再次获得胜利的日子。

阪神队进入决赛组以后，整个大阪就开始沉浸在一种欢天喜地、全城亢奋的状态。每个人都在期待着能亲眼看到阪神队在最终决赛中夺冠的瞬间。然而这股人流热潮却让整个餐饮服务界感到惊恐，尤其是位于大阪最热闹繁华的地段道顿堀附近的店铺。为什么这些餐饮店会觉得惊恐呢？这就不得不提及 1985 年那次阪神队的胜利了。当时，由于一些棒球狂热分子失去理智，在大阪市内引发了不小的骚乱。那次骚乱给当时营业的店面带来了沉重的打击。所以，对于 2003 年这次棒球比赛，尤其在阪神队进入总决赛以后，很多餐饮店为了避免被可能出现的骚乱波及，果断地提前宣布在最终比赛当日停业。

而那时鸟贵族的道顿堀分店则刚刚开业。那是鸟贵族第一次在繁华商业区开店。那之前，鸟贵族从未在这种繁华黄金路段开过店，所以道顿堀分店的开张可以称得上是我们鸟贵族的一次冒险和赌博，是我们赌上了整个企业命运的放手一搏，因此我们一秒钟都舍不得停业。更何况，如果阪神队能取得胜利，那是一件多么值得开心的事,我们鸟贵族也盼望着能和在店里看球赛的顾客一起感受和分享这份喜悦。于是考虑再三,鸟贵族最终决定,不跟随业界大多数的决定,而是坚持赛事当天照常营业。

就是这份坚持,让我们在2003年阪神总决赛当天收获了满满的顾客,也收获了他们满满的喜悦和感激。从那天开始,鸟贵族的道顿堀分店一炮而红。这次在黄金路段开店的胜利也带给了我和全体员工满满的自信,从那以后,我们开始向各个黄金地段飞速扩张店铺。

现在的鸟贵族已经发展成横跨关西地区、首都地区、东海地区三个地域的大型连锁企业,分店也已经突破了300家。

鸟贵族一直将在全国发展超过2000家分店作为奋斗的目标。所以现在的300家分店才仅仅是梦想的开始。虽说鸟贵族目前还很稚嫩,却成功受到了很多媒体的青睐,被争相报道,就连我本人也被邀请参加了很多访谈节目。正是因为被这样高度关注,鸟贵族在当时一片萧条的经济环境下显得尤为珍贵。

每次被采访或者参加访谈节目的时候,总是会有记者问我:"您特意采用统一价280日元的这种经营手法有什么特殊意义吗?"我每次听到这种提问,心里总是会有点不舒服。因为统一价280日元的经营方式,并不是我们特意去设计的所谓的经营手法,而是我们鸟贵族付出全身心为之奋斗的志向和一直以来引以为傲的经营准则。

在确定统一价 280 日元前，我们曾在创业初期实施过三级定价的低价经营模式，但正是由于最终选择了全菜品统一定价的模式，才在顾客中形成了"低价烤串店"的形象。然而这并不是我们的最终目的。在当时，居酒屋和烤串店在女性和年轻人中认可度并不高，因此我们希望通过合适的定价来让更多的顾客接受我们这种经营模式。而作为结果，一种统一低价位的定价模式产生了。

● 我们的经营之魂——用自己想要的价格推出自己想要推出的菜品

关于这点，在这本书接下来的章节中我会重点详细介绍。我们鸟贵族的烤鸡肉串，只选用日本生产的新鲜鸡肉，并且坚持每一根烤串都必须是在当天开店前用新鲜鸡肉现穿的。我们的人气菜品"烤鸡肉条"比市面上提供的一般鸡肉串要大很多，基本上是一般烤串店的 2-3 倍。然而就算是这样分量满满的"烤鸡肉条"，一份两串，售价仍是仅仅 280 日元。我们将这些拥有最强竞争力的烤鸡肉串作为主打菜，连带着全店多样菜品统一以 280 日元的定价进行销售。280 日元的定价并不是为了单纯地追求低价，而是我们认为 280 日元的定价对这些菜品来说刚刚合适。这是鸟贵族经营的原则，也是我们的志向。与那些为了低价销售刻意定为280日元的经营手法有本质的不同,这两种经营理念完全不可同日而语。

如果鸟贵族通过毫无原则地追求所谓的低价去获得销售利益的话,那么完全可以靠着下面列举的这些手段来实现。

比如,可以不用严选的国产新鲜鸡肉。如果使用国外进口的一些廉价冷冻鸡肉的话,我们的进货成本就可以削减相当大一部分。此外,众所周知,日本的人力成本也是相当高的,如果想要进一步削减成本,我们甚至可以选择直接从国外进口那些廉价的冷冻鸡肉串成品。但是,采用这些方法做出的鸡肉串还能让顾客们展现真心的笑颜吗?显而易见,答案是否定的。这样粗糙的鸡肉串根本不会让顾客吃得开心,也更不可能留住任何的回头客。如果真的这样的话,就和鸟贵族的创业初衷相差甚远。

泡沫经济破灭以后,统一价280日元或者提供廉价甚至免费酒水的连锁店宛如雨后春笋。但是这种为了以统一且低廉的价格为卖点而刻意调整定价的店铺无论在哪里都是不会长久生存下去的。能够存活下来的就唯有那种和我们一样,对统一定价有着不一样的志向和自豪感的店铺。我们坚持认真地用自己想要的价格去推出自己想要推出的菜品,这便是我们经营理念的灵魂。

作为经营管理者,我有必要将自己这份蕴藏在定价里的志向和自豪感传达给每一个工作人员。如果不能让工作人员意识到这份志向和自豪感的话，他们往往会变得越来越懒散。这是人之常情，因为从事餐饮行业的年轻员工大多数都向往着任职于那种一单就能有 4000 日元左右营业提成的高级时尚餐厅，然而现实却是他们在这种低价消费的小店铺工作，如果此时这个小店铺还为了追求利润放弃菜品质量的话，对于工作人员来说这家店就更加廉价粗糙了。那样下去恐怕就真的没有任何人想要在这样的店里认真工作了。

● 决不参与价格竞争这种恶性商战——我们的竞争对手只有我们鸟贵族自己

那些靠低价去竞争的餐饮店，往往都是通过削减原料开支去获得利润的。

就算鸟贵族置身于这样的风潮中，我们也必须坚守自己的原则，绝不参与这种价格竞争。创业刚开始的那五年，我偶尔还会去同行的店铺里"侦察"一番。渐渐地，我再也不会以侦察为目的去同行的店铺了。因为我清楚地认识到，鸟贵族的对手只有鸟贵族自己。我们要做的就是常常审视自己，有没有做到对顾客来说不可或缺，有没有做到将美味的菜品用合适的价格卖出去，有没有做到营造一个舒适的用餐环境。这些才是我自始至终需要放在心上的事情。

要保证一直做到这些（用合适的价格去提供美味的菜品，用心去营造一个舒适的用餐环境）并不是一件简单的事情。其中除了管理者以外，员工们的付出、供货商等合作伙伴的支持也同样缺一不可。

为此，鸟贵族又付出了怎样的努力呢？

如何才能让工作人员一直沉浸在"自我陶醉中"呢？

为了实现这个目标，公司的管理层又应该怎样培养员工呢？

在那之后，又如何才能将这种管理体系在各个连锁店面中推广呢？

在下一章，我将为大家着重介绍一下鸟贵族是如何以统一价280日元的经营方式去谱写餐饮界传说的。尤其是，鸟贵族又将凭借怎样的管理体系，才能将这个经营传说一直续写下去。

第 2 章

"统一价280日元，低价却美味"的秘密

最近，打着统一价280日元或者酒水免费的旗号去经营的居酒屋越来越多了。其中不乏一些哪怕亏本也要和其他店恶性竞争，最终却倒闭的店铺。和它们截然不同，鸟贵族无论何时何地都坚决杜绝这种价格竞争。在鸟贵族，统一价280日元并不是一种价格竞争的手段，而是我们的经营信念。我们要做的是以让人心动的价格提供让人心动的菜品。

● 质疑声一：鸡肉会不会是从国外进口的廉价货？

鸟贵族的鸡肉串，两串定价280日元。这是前文已经给大家介绍过的鸟贵族的高人气菜——贵族烤串，它的大小是市面上一般鸡肉串的三倍。

不仅限于烤鸡肉串，鸟贵族的所有菜品，包括炒菜、酒水无一例外都是统一价280日元。

中瓶啤酒（400毫升）、发泡酒（700毫升）也都是以统一价280日元进行销售。这些年瓶装发泡酒的销量逐年攀升也主要是因为在居酒屋里低价售卖。对普通消费者来说，同样的价格当然是选容量比较多的发泡酒了。这是人们做选择时的一般准则。

所有的连锁店都用统一价280日元来提供啤酒和发泡酒，是我们鸟贵族开创的一种空前的营销方式。

除了烤鸡肉串，南蛮炸鸡饭、鸡肉焖饭等也都是营养满分的菜品，此外还有丰富的蔬菜沙拉类，统统都是定价280日元。当然了，还有各种各样的烧酒和鸡尾酒供客人选择。

但与此同时，正如大家所想，如果物品太便宜，就会涌现出各种各样的质疑声。

有一个证券公司的证券分析师就和我聊过这个问题。

他曾经带着自己公司的同事去过鸟贵族，他那个同事说："像鸟贵族这样，以统一价280日元这么便宜的价格提供菜品的餐馆，使用的肯定都是国外进口的那些冷冻廉价鸡肉吧。"

这就是我们常听到的"质疑声一"。确实，一般市面上使用日本国产鸡肉的烤串店的定价都要比鸟贵族高出很多，也难怪消费者会有这样的误解。

我偶尔会去东京高园寺附近的酒吧消遣，有一次听到坐在隔壁的客人说："我从大阪调到东京这边来工作，最开心的就是在东京竟然也有鸟贵族。我在大阪的时候就经常去鸟贵族，也在一个名字叫高园寺的地方。鸟贵族这个店，对我来说就像家乡一样。"可就是这样一个将鸟贵族当作家乡一样的老客户，接下来又说了这样的话："鸟贵族的鸡肉是从哪个国家进的货呢？"

用日本国产新鲜鸡肉制作的肉串，在专用网架上精心烤制。

不管是我，还是公司，为了消除这种误解，在公司网页、店里的菜单，或者是采访中都一直在大力宣传强调"鸟贵族坚持只使用日本国产的新鲜鸡肉"这件事。然而就算是这样，那个证券分析师还是对我说："既然用了日本国产鸡肉，你们更该大力宣传。"对此，我表示很无奈，这种宣传计划实现起来困难重重呀。

● **质疑声二：鸡肉串该不会是事先穿好的吧？**

因为鸟贵族是连锁店，所以大多数人会理所当然地认为鸟贵族的烤串都是在大型肉类加工厂这种地方统一订货的。甚至

这些国产的新鲜鸡肉，都是在店里手工一串一串现穿的。虽然这样确实比较费时间，但却是能让烤鸡肉串好吃的最佳制作方式。

完全没有人会想到我们的烤串竟然是用手工一串一串在店里穿制的。所谓"穿制",即指将木签从鸡肉、葱等食材中心穿过从而制作成串的操作。

鸡肉这种食材,在肉类里面是属于变质比较快的。从成本的角度考虑,如果将国外生产的鸡肉直接在当地穿成串,然后冷冻起来运到日本,人工成本费确实会便宜很多。如此一来能大大削减我们的进货成本。可是作为一种易变质的食材,就算是冷冻着的鸡肉,要是从遥远的泰国或者巴西运到日本,肉本身的质量已然大打折扣。此外,即便是在日本的大型肉类加工厂订货,效果也是一样的。从木签穿过鸡肉的一瞬间,鸡肉的鲜度就开始降低。再算上从肉类加工厂运送到各个店铺的时间,鸡肉的质量就更不用提了。这种质量已经大打折扣的鸡肉串进入消费者口中时,其味道可想而知。

鸟贵族每天开始营业的时间是下午五点,在这之前,下午两三点的时候,顾客们熟悉的那些常常穿着清新T恤的服务员还没有到店里。这会儿如果来店里,映入眼帘的是我们的临时工阿姨在努力用心穿肉串的样子。这些穿串的临时工阿姨,大都是店铺附近的街坊。

这是我们鸟贵族一直坚持的制作肉串的方式。新鲜的鸡肉当天被供货商送到每个店铺里,然后我们在店里把它们切成适当的大小,再由临时工阿姨一串一串手工穿制而成。这就是我们鸟贵族为了保证做出最好吃的鸡肉串一直秉持的制作方法。让阿姨们一根一根在店里手工制作，其实也只是为了让消费者能够吃到好吃的烤串。

● 营业效率≤顾客的笑脸。即便是成本变高也当有所坚持

连锁店经营一般都是因为效率高才能节约成本，从而实现较低定价的。

这确实也有它一定的道理。但是，如果只是单纯地去追求高效的话，就容易忽视肉串本身的口感，就容易失去消费者吃到美味烤串时露出的笑脸。这样的话，就是严重的本末倒置了。

由此出发，我们鸟贵族营业的核心追求并不是大家以为的高效率。就算效率没有那么高，就算营业成本增加了，只要能做出美味的烤串，我们的一切努力就都值得。

连锁本身是为了提高效率才统一经营的一种商业形式，但是我们鸟贵族的烤串好吃的秘密却存在于低效率之中。我把鸟贵族的这种经营理念命名为"连锁企业的非连锁理论"。听起来似乎不太符合连锁经营风格，然而对于这种低效率只要能够适当应用，反而能让连锁经营的魅力发挥到极致。

但是在选择这种低效率且成本增加的制作方式的同时，我们还要保证统一价 280 日元，保证我们的企业长长久久地经营

下去。所以，为了实现这个目标，我们必须加倍努力，同时还须遵守那些为了实现目标而总结出的秘诀。

【秘诀1】不开展多栖产业

首先，不能开展多栖经营。这个秘诀是实现美味和低成本经营的重中之重。

近年来，餐饮界开展多栖经营已经成为一种主流。这是大部分餐饮经营者为避免以下两种风险而采取的应对措施。

第一，经营是有寿命限制的。也就是所谓的"营业寿命说"。

第二，疯牛病以及禽流感造成的食品安全危机。

为了应对前者所谓的营业是有寿命的说法，一些业者选择开展多栖产业，这样的话，就算是其中一环的拉面店或者汉堡店濒临倒闭，还能通过其他产业来弥补损失。这样也能为找到补救措施争取一些时间。

至于后者的疯牛病和禽流感的问题，更是业者面临的不可抗因素。当面临这些不可抗力的风险时，如果经营的不单纯是烤肉店，还经营乌冬面店的话，这时哪怕烤肉店已经关门了，业者还可以靠乌冬面店来维持一段时日。

对于开展多栖产业这种经营理念本身，我并不否认。只是鸟贵族不会选择这种做法。鸟贵族自始至终都坚决贯彻单一经营。

把企业名从"永恒服务"改为"株式会社鸟贵族"也是为了表明我们要将鸟贵族作为一家烤肉串店去单独经营的决心。

● 正是因为极度明确希望销售的物品，才获得顾客如此多的支持

难道鸟贵族没有应对风险的措施吗？答案当然是"有"。

说到底鸟贵族的营业目标就是，像以前的企业名"永恒服务"一样，成为一家可以永存的企业。不管是过去还是现在，鸟贵族都想成为一家能够不被时局和经济影响，不受营业寿命限制，可以永永远远走下去的企业。对我来说，最大限度规避风险的方式就是，始终贯彻单一经营。

具体言之就是，将烤串店做到极致化，精简菜单，只提供让消费者满意的性价比高的菜品。也就是通常意义上的，提高本店产品自身的竞争力。

就以一般的单一经营的企业为例吧。比起那些综合性的大商场，山田电器、NITORI（家具城）、优衣库等专业性较高的店，它们在保证高性价比的同时还能更多地满足顾客的需求，所以这些店的销售业绩才能一直做到行业领先。

此外，还有两点。

第一，专业性比较高的店通常很明确知道自己要卖什么。

如此一来，就能充分回应消费者的需求。很多连锁经营的西餐厅濒临破产的一个很大原因，就是它们明明是主打西式菜品的餐厅，却为了增加营业额选择去开发日式和中式菜品。在这样的主流意识下，萨莉亚和惊驴餐厅依然坚持单一经营，所以才能牢牢占据"连锁西餐厅"的龙头地位，营业额不断攀升。

第二，只要能够明确自己的卖点，并且能做到性价比高的话，我想是绝不会失去消费者的喜爱的。

坚持单一产业才能够保证高品质产品的供应

那么，怎样才能做到性价比高呢？对于这个问题，我同样有两点心得分享给大家。

通过坚持贯彻单一经营，我们可以减少调货环节上的成本，这样就能够提高我们在价格上的竞争力。

很简单，比起拉面馆，中餐馆的菜单种类丰富，食材的调货种类相应就会增加很多。那么平均下来，每一样食材的调货量自然而然就会变少。因此，每一种食材在调货环节的成本就会增加。毕竟买得越多单价就越便宜，这个显而易见的道理在全世界都是通用的。

这些年鸡肉的价格也经常变动，所以在这里我不能详细地把成本数字拿出来做详细的比较。但有一点可以确定的是，现在鸟贵族在调货环节的成本只有我们创业初期的三分之一。而这样的数字，恰恰是在鸟贵族拥有多达300家连锁店铺以后才能实现的。

鸡肉的需求量越大，在调货环节的成本就会越低，这全都得益于我们单一经营的理念。

我们之所以能够选用日本国产的新鲜鸡肉，并将美味精致的烤鸡肉串以统一价280日元的低价提供给顾客，也全都得益于我们的单一经营。

就像是麦当劳的汉堡、肯德基的炸鸡、萨莉亚的意大利面，都已经达到了其他同类店铺不可及的高度。这里面虽然有各种各样的原因，但很重要的一点就是因为大量调货，所以才能确保以低价买入质量高价格优的食材。

近段时间，在优衣库的官方发布会上，柳井正会长也提出了相似的理论，即要将优衣库的产品营销路线回归到"返璞归真"上。

迄今为止，除了基础款衣料以外，优衣库还研发了很多潮流产品。虽说潮流性的产品确实能够吸引一部分新消费者，但与此同时，也会面临着失去很多固定客户的风险。再加上，单独去开发潮流性衣服也会导致设计和生产成本的增加。

在全面考虑这些因素以后，优衣库选择返璞归真，重新回到了以销售性价比高的基础款服装为主的营业路线。当我看到这则新闻报道的时候,心里暗暗为这个明智的决定叫好。

【秘诀2】精简菜单

就像优衣库一样,我认为不管是为了削减调货成本,还是为了保证产品质量,都不能过分地去增加产品的种类。我们鸟贵族的菜单,被精简到65种菜品。

虽然市面上的居酒屋的菜单品种各有不同,但一般来说都是在80-120种菜品。鸟贵族的菜单品种却只有它们的七成,确实是相当精简的数字。

居酒屋,以及很多的餐饮店这些年都开始渐渐增加菜单品种。业界越不景气这种现象就越明显。这是因为很多业者总是抱有一种幻想,他们觉得,如果菜品种类增加,消费者的选择就增多,就会经常光顾;相反,如果减少菜单种类,客人则会变少。

但是这种无原则、一味扩大菜品的行为是很危险的。越是增加菜单品种,调货的成本就会越高。也就意味着每一种原材料的调货成本都会增加,到最后通常会不得不以牺牲原材料的品质作为代价。

就拿鸟贵族来说,如果刻意增加菜单品种的话,烤鸡肉串本身的点单率就会变少。这样一来,对鸟贵族最重要的鸡肉在调货环节的成本就可能会提高。在刚开始创业的那几年,鸟贵

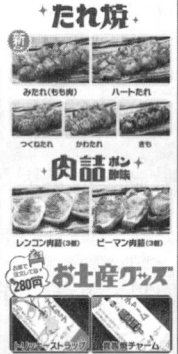

烤鸡肉，一品料理，沙拉，清爽小菜，主食类，甜点，饮品，我们的菜品只有这些种类。售价统统都是280日元。

族也增加过菜单种类。但是，我预感到了这件事的风险，果断决定精简菜单。

曾经，有一名员工提出建议："如果要将店铺做大，那我们为什么不多去开发一些鸡肉串以外的菜品呢？这样的话，我们店里就能座无虚席了吧。"可是，看看拥有庞大连锁店并且总是座无虚席的麦当劳吧，它的菜品不也是只有固定的几种吗？

最重要的是：认真设计菜品，聆听顾客的需要，制作出一份让消费者满意的菜单。我精简菜单的方式就是这样——简单而纯粹。在开发新菜品的时候，要时刻记住我们必须坚持作为一家烤串店的定位。那些居酒屋特有的生鱼片等料理万万不能在我们的烤串店出现，那些猪肉串、牛肉串虽然也被列入菜单，但是各自只有一种。为了凸显我们烤串店的主打鸡肉串，鸟贵族只是稍稍增加了一些不会喧宾夺主的凉拌小菜。

当然了，有增就要有减。这个是基本原则。以半年为一个周期，每次增加10样菜品，但与此同时，也会相应地删减不受欢迎的10样菜品。

那么，鸟贵族的新菜品又是怎样去开发的呢？

我们的新菜品都是以产品开发部和菜品制作部的员工们的提案为中心来进行研发的。虽然最终的决定权在产品开发部，但是因为菜品制作部的员工对食材和制作现场的需要更加了解，所以他们提出的菜品提案往往更能准确地满足消费者的需要。

因此，我们的新菜品研发要采取综合双方意见这样的方式。

关于新产品的开发，我们要坚持的是：

保持鸟贵族自己的风格

哪怕是多达 1000 家连锁店也能顺利经营

仍保持以 280 日元的价格提供给消费者

比如说，我们的人气菜品"贵族烤串"。现任董事长在担任店长时期，曾经有过一个提案："如果将超大型的烤串作为我们店的主打菜品，会不会很有趣？"就因为这一句话，我们的人气菜品诞生了。

【秘诀3】不和其他同行竞争

简单来说，能不能做到让消费者感动和满意，就是我们所要考虑的全部。

我在接受杂志等采访的时候，经常被问到这样的问题："您认为您的对手是谁呢？""在您心里有在意的其他连锁店吗？"说实话，我从来没有将任何其他餐饮店当成竞争对手。当然了，我并不是说其他公司没有资格当我的对手。

像第 1 章中提到的，鸟贵族需要在意的不是外界，而是我们鸟贵族本身。因为我们唯一在意的就是，鸟贵族到底能不能做到感动消费者。所以我们并不会受业界其他同类公司的影响，更不会去模仿它们。

就是因为坚持这样的准则，鸟贵族才能做到提供给消费者性价比高的好菜品。

经常有同行来鸟贵族学习考察。因此鸟贵族的定价和菜单也经常被同行模仿。

但是，如果盲目地去模仿其他店的菜单，就意味着自家店铺的菜品数量势必要增加。像刚才说的那样，如此一来就势必要准备其他种类的原材料，到最后反而会造成营业效率本身变低。

因此可以得出结论，如果简单地去抄袭别人的定价的话，必然会出现各种各样的问题。定价本身就是和店里的租金、水电费、人工费、原材料开销等因素密切相关的。刻意去降低定价的话，就意味着不得不去降低店铺硬件的质量，或者不得不去选择那些廉价的原材料，减少人工成本等。然而，不管是哪一项选择，都会让自家店里菜品的质量大打折扣。

味道、价格这些都是有灵魂的。一份没有灵魂的菜单和没有灵魂的定价只会让一家企业的经营出现越来越多的问题。

【秘诀4】超脱行业范围，定期考察有价值的竞争对手

虽然我不在意同行，但是有一种行业却需要去考察。

那就是便利店。

近年来，不只是同行的居酒屋，快餐店、咖啡厅这些其他

定位的餐饮业，以及便利店和熟食店也都已经开始出售下酒菜了。

其结果就是，当我们想要轻轻松松喝一杯酒时，可供选择的店面越来越多，而且不仅是居酒屋，很多不同定位的店铺都能够提供这种服务。

当许多店铺都能够满足需求的时候，消费者当然更愿意选择那些价格更低，或是性价比更高的地方了。

鸟贵族的目标就是，成为消费者们的"生活必需品"。我们想要成为消费者生活中不可或缺的存在。正因如此，虽然属于不同的行业，但却深深地扎根于每个人生活的便利店，就自然而然成了我们鸟贵族想要去比较的对象。

所以，我们总是关注在便利店出售的那些酒类和下酒菜。我们会综合评价它们在便利店的价格和品质，然后努力做到不输给它们。这就是我们鸟贵族始终关注的事情。

同便利店的酒和下酒菜相比，我们鸟贵族的要可口得多，也便宜得多。我们必须做到让消费者这么想才罢休。

当然，我也不仅仅是在便利店看看而已，还会去购买一些食品。比如我经常吃的一种午饭，就是在便利店买的饭团或者是杯面，加起来大概是300日元。这和我们鸟贵族的一道菜价格差不多。

此外，"比起在便利店买的罐装啤酒、烧酒，或者是下酒菜，来鸟贵族是不是能令人更满意呢？"带着这个疑惑，我每天都在不断地反复确认，我们鸟贵族到底有没有比便利店的饭团、杯面、下酒菜更具有吸引力。

【秘诀5】通过"地产地销"来实现产品质量高且成本低

现在回到刚才的话题，到底如何才能做到美味和成本双赢呢？

刚才给大家介绍过了。鸟贵族之所以能做到既坚持使用日本国产的新鲜鸡肉，又能保证以低廉的价格提供给客户，理由就是我们始终坚决贯彻单一经营。

除此以外，为了能够尽可能地削减进货开支，我们还采取了一个措施，那就是"地产地销"。

尽可能地选择店铺附近的农家饲养的鸡肉。这样的话，我们既能最大限度地保证肉的鲜度，又能省去一大部分物流费用。

鸟贵族在大阪小有名气，然后逐渐扩张到了首都圈以及以名古屋为中心的东海圈。每次扩展新业务的时候，我们都会先去寻找优良的鸡肉供货商。只有这样，才能真正做到美味和低价格的双丰收。

这些供货商，好多都是啤酒公司的熟人介绍给我的。熟人介绍的一般都比较值得信赖，不但能够以较为便宜的价格进到货，而且能够保证肉类的鲜度。对我来说，这些无一不是重中之重。

当然了，供货商也是要赚钱的。但是如果供货商的利润太高，鸟贵族的经营成本就会变高。这样看起来，供货商的利润和我方成本的控制似乎是矛盾的。但现实却有所不同。现在和我们合作的供货商都非常理解鸟贵族想要达到 2000 家店铺的理想，并且都愿意和我们一起共同成长。只有这样，鸟贵族和供货商一起努力，因为怀揣共同的理想，我们才能化解矛盾，实现双赢。

为了不辜负这些供货商对我们的支持，鸟贵族也一定要实现 2000 家店铺的目标。

【秘诀 6】 不强制消费开胃菜

在鸟贵族，我们不强制提供餐前开胃菜。

这个决定是我根据自身的用餐经验做出的。当然了，这样做虽不能让店里的成本开支变少，但却可以使店里的营业效率变得更高。

这里或许需要我来现身说法了。这件事要追溯到 30 年以前，从我踏足居酒屋开始，不管哪一个店，都会给大家提供餐前开胃菜。不需要点单，是店里自行提供的。所以消费者通常会以为是免费送的。然而事实上，我在结账看小票时发现，竟然有一栏的金额是开胃菜。

"怎么还收钱了啊？"

当时那一刻我就是这种感觉。明明没有点，是店里主动给我上的菜，竟然还要强制收钱。

当然了，并不是说开胃菜本身有什么错，在正式的菜品上来之前，吃吃这些小菜，活跃一下用餐气氛当然是很好的。尤其是稍微停下筷子想换换口味的时候，这些小菜确实是很有必要的。

但问题是这个上菜体制本身。如果要提供餐前小菜，是不是需要事先询问消费者："我们店里的餐前开胃菜是收费的，不知道您是否需要呢？"

最近，有很多店铺开始在桌角上标注"本店收取餐前开胃菜费用"，或者让消费者从几种小菜中自行选择。

即便如此，就我自身来说还是没办法喜欢这种向消费者强制提供餐前小菜的方式。所以，鸟贵族并不这样强制提供所谓的餐前小菜。

此外，那些看似不违反我的原则，去询问消费者的意愿"您需不需要餐前小菜"的方式，在我看来也是不行的。因为去询问消费者是否需要这件事本身就是带着强制性的。

因此在鸟贵族里，腌茄子、酸辣腌小鱼、芥末小章鱼等开胃小菜，都是作为凉拌小菜放在菜单中提供的。这些小菜被点单后，鸟贵族能保证做到瞬间上菜。

像这样，没有任何强制性的压迫，客人们可以完全根据自己的需要去选择自己喜欢的菜品。无论是对我们来说，还是对客人来说，这都是一件好事。

如图所示：

代替那些强制性的餐前开胃菜，鸟贵族菜单里准备了九种可以瞬间上菜的小凉菜。照片中的是我们店里的人气凉菜"酸辣腌小鱼"（上图）和"秋葵拌豆腐"（下图）。

【秘诀7】 舍弃所谓的"炭火烧烤原则"

在削减食材成本开支的同时，我们还通过提高工作效率实现经营成本的降低。

再重复强调一次，对于我们鸟贵族来说，最大的满足与自豪就是可以用让消费者满意的价格去提供让消费者满意的菜品，从而收获消费者真心的笑容。

为了坚持这份自豪感，哪怕是成本变高，工作效率变低，我们都不会动摇。所以，我们坚持选用日本国产的新鲜鸡肉，服务员为了给客人提供更好的服务也从不吝啬时间。如果在这种地方去强调高效率，不愿意花费时间的话，就无法成为一家让消费者感到幸福的店。

话虽如此，我们的营业成本确实也是有限的。如果对成本一味地不管不顾的话，到最后这些成本往往还是会加在消费者身上。

为了避免这种情况发生，我们必须在能够提高效率的地方准确地去提高效率。这就是属于我们鸟贵族的做事方式。

其中一点就是，我们要摒弃传统的所谓炭火烤肉的原则。

传统烤串店一般都大力宣传炭火烤这件事，似乎这才是左右烤串美味与否的关键。凭着这个印象而特意选择去炭火烤串店就餐的消费者也不在少数。

那么，难道真的只有用炭火烤的才好吃吗？事实并非如此。

事实上，炭火烤串好吃的关键在于远红外线效果，也就是所谓的从内往外烤。只要能够达到这样的烧烤效果，就算是用机器也能和炭火一样烤出好吃的味道。

为了能够达到和炭火烤一样的美味程度，鸟贵族特意研发了专业的电烤炉。在店铺应用的过程中，我们也不断对电烤炉进行改良。

那么，鸟贵族摒弃传统的炭火烤，转而采用电烤炉到底有什么样的好处呢？

对于传统的炭火烤而言，想要做到熟练掌握是需要很长时间的磨炼的。不仅要一直生火，而且还要保证火势一直控制在合适的大小，这是一项难度非常大的技术活儿，想要在营业时一直保持更是相当费工夫的。

毋庸置疑，想要熟练操作炭火烤串本身也是需要长时间训练的。

因此，在开设一家新店面时，我们就必须先选好有烤串技术和炭火管理经验的人才。倘若如此，就必然会导致开店速度的减慢以及人才培养成本的提高。这些成本本身都会被加在定价里。

但是，如果是用电烤炉的话，使用人员并不需要特别的技巧。电烤炉的烤串往往是在均匀的温度里烹制，员工仅仅通过短期的集中培训就能烤出美味的鸡肉串，不会出现因为手艺不过关而导致味道不好的情况。因而，选择电烤炉的模式对于烤串店来说有益无害。

无论如何,这些内容都需要好好地跟顾客说明,才有希望得到顾客的理解和支持。最重要的一点就是,通过这种方式得到的鸡肉串能够保证美味的口感没有改变。我们正是怀着这种态度,抵制住那种为了"虚荣"而坚持使用炭火的噱头。

有些时候,当事情没有自己想象中那么顺利时,人们往往都会想:"到底是我哪儿没做好呢?"其实,有时舍弃一些或者做些减法反而会对事情本身有很大的帮助。

【秘诀8】与快餐相媲美的上菜速度——提高顾客流动率

还有一项操作的效率跟厨房机器本身有关。

那就是啤酒定量装灌的一键式功能。它还能保证泡沫的量也正好合适,防止酒量和泡沫量配比不合适的情况。

引入这项功能是四年前(本书在日本首次出版的时间为2012年,这里指2008年)。在这之前我们光是将啤酒倒进杯子就花了很多时间,再加上啤酒的销量很大,几乎需要一个服务员来做"倒酒专员"。

在引入"啤酒一键装灌"后,我们只须按一下按钮即可,其间可以腾出手来装其他饮料,厨房的工作效率得到显著提升。

另外一项系统——点餐导入系统,目前处于试运行阶段。导入这个系统后,点餐信息输入后将会自动在厨房内的机器中

我们公司自己发明了专用烤架，同时在使用过程中不断进行改良。
通过使用远红外线技术从肉的中间开始加热烹饪。

打印出来，厨师就可以通过打印出的点菜单来确认菜品。但问题是，厨师仅仅凭借对菜单的简单瞥过，是很难整理出一道菜是哪桌点的，以及具体点了多少的。这很容易引起做菜顺序的混乱，会导致一些桌上已经上了很多菜，而有的桌却一道菜也没上。

在对这一功能进行最新的升级以后，点菜时按下"贵族烧"按钮，"贵族烧"的点菜信息会立刻显示在厨房的显示屏里。厨师可以将所有的"贵族烧"都一次性准备好并快速提供，这样就能避免出现有些顾客因餐桌上什么都没上而不满的情况。

我们目前还在对这项功能进行试点实施，计划先从规模较大的店面开始导入。

确实，将这种厨房工具引入所有店面会花费很大成本。但如果能有效提高厨房效率的话，上菜速度就能得到大幅度提高。

说起上菜速度，餐饮业厨房效率最高的无疑是快餐行业。快餐里的"快"字是指拼命争取每一秒的时间来为顾客提供食物之意。因而他们必然花了很大心思用在提高厨房器具的"等级"上。

虽然鸟贵族是一家烤串店而不是快餐店，但是相比于让顾客等待，我们当然是希望能够立刻把啤酒和食品给顾客奉上。不光是统一的 280 日元的定价，我们还需要在追求美味的同时关注烹饪效率，只有这样才能使公司整体更有竞争力。

这样一来，投资成本就能以一种高效率的形式返还回来。快速准备好菜品并不是因为考虑时间限制，而是我们想要去争取这种高效率。

效率高会使营业额也相应提高。这些回报的资金又可以重新投资到新的厨房器材或食材上，从而形成一种良性循环。

鸟贵族虽然是一家烤串店，却向着快餐店级别的厨房设备方向发展。

【秘诀9】在不影响店铺经营的方面削减开支

如上文所说，鸟贵族大力投资的方面包括菜品所用的原材料以及厨房设备。但是倘若所有地方都如此投资的话，统一280日元的价格肯定无法继续维持。

对于看不到的以及不花钱也没影响的方面，我们则不遗余力地用心去削减预算。

比如说，包括董事长我在内，所有管理层的名片都是使用公司电脑设计制作而成的，所需的纸张费和印刷费加起来100张124日元。而如果委托厂家来印刷，再便宜也不会低于1000日元。

虽然之前管理层的名片都是由厂家印刷而成的，但如今一律用公司电脑设计打印。在决定采用公司电脑设计和制作名片时曾出现了不少反对意见，比如"送给客户的名片这么简陋会没礼貌""样子难看"之类。但是我深信，如果客户认为我们是优秀公司的话，就一定会认可我们的名片。

对于每份酒菜的售价仅为280日元的我们来说，每100张名片大约1000日元的节省额度是相当可观的。

【秘诀10】非营利部门，即使是总部办公室也不能浪费钱

此外，集团本部也同样不能浪费钱。不同于分店，不产生利润的总部应尽量减少花费。

成立数十年来，本部办公室一直就是我自己家的一间屋子。

想要租一处办公室的想法源于14年前（这里指1998年），当时租了一栋每层10坪的3层楼。那时候，一楼是鸟贵族绿桥店，二楼为烧烤汁制造厂，三楼是办公室。

那栋楼之前是一家报纸店，三楼是员工公寓，布局也只是一间6坪及另一间4.5坪的房间。6坪的房间被我们用作办公区域，而4.5坪的房间被我们作为会议室兼接待室来使用。就算是这样小的办公区域，员工们也非常高兴，把它当作真正的办公室一样认真对待。

之后，也就是过了三年左右，办公室又搬到了鸟贵族玉造店旁边大楼的7楼，面积大幅度升级到了24坪。自此以后，我们才总算拥有了像样的办公室。

在那里五年（这里指2006年）后，也就是距今六年前，我们又搬进了每层有40坪大小的3层大楼。新办公室非常宽敞，再加上我觉得办事处本来就不该浪费钱，所以我认为以后就不用再换办公室了。

但是，公司的员工数量在快速地增长着，办公室空间又一次变小了。终于在去年（这里指2011年），我们选定了第四次搬家的选址，一幢单层面积达120坪的7层高楼，也就是鸟贵族现在的总部所在。

就算面积这样大，我们也绝没有浪费空间。1楼是烧烤汁的生产厂，2~4楼是我们拥有管辖权的加盟企业，5楼是小会议室、仓库和测试厨房，6楼是用于举办店长会议的大会议室，7楼是办公室。

总部办公室使用的仅仅是其中的三层。这对于一家有着300间店铺的连锁店来说可以算得上是规模相当小了。

我们店发足于大阪，但关东地区的直营店铺要多于关西。尽管如此，我仍把总部定在大阪市。

世界一流的公司，比如沃尔玛、丰田也都把总部设在自己的发源地。

对于将总部设在大阪，固然是因为大阪是鸟贵族的发源地，但更重要的原因在于东京的房租远高于其他地方。

【秘诀11】保证适当的员工数——淘汰不必要的员工也是增加利润的源泉

控制人员开支，也是一件相当重要的事情。

当然了，这并不意味着要让员工超负荷工作。而是说，要严格拒绝人员浪费，确保员工数量适当。

站在一店之长的立场想，一个服务员一天工作四个小时和一天工作五个小时两种情况，每个月要支付的工资也就仅仅相差2万日元左右。

第 2 章 "统一价 280 日元,低价却美味" 的秘密

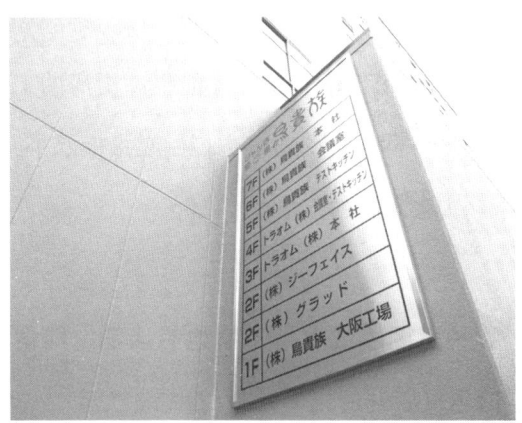

大阪总公司。虽然是一栋七层的办公楼,但是工厂和仓库都被包括在内。实际上办公室只使用了三层而已。

053

如果将这个差值放在整个企业所有店铺来计算的话，又会怎样呢？如果一家店，一个服务员，每天减少一个小时的工作量，整个公司一个月就可以少支付200万日元的员工薪水，也就等同于我们增加了200万日元的利润。

如果以一年为单位计算的话，那就是200万日元×12个月，竟然是2400万日元的巨额利润！

如果想要增加1亿日元利润的话，每个店铺只需要减少0.5个人员的支出就可以轻松达到。

反之则意味着，如果每个店铺浪费0.5个人员成本的话，我们一年就要损失1亿日元的利润。

我经常对各个连锁店的店长说，不要只想着你们一家店的成本，要把眼光放远一点，多考虑考虑整个集团的利益。

怎样才能调动员工的工作积极性，怎样才能提高厨房的工作效率，同时怎样才能兼顾将员工的支出成本控制在最低水平，这些都是鸟贵族必须下功夫去思考的事情。

【秘诀12】在东京，哪怕是阁楼或者地下室也有店铺。即便是地狱门口也可以开店

接下来，就是店铺选址的问题。

大阪的鸟贵族和东京的鸟贵族是不一样的，主要表现在店

铺选址上。

像我之前提到的那样,大阪和东京的店铺租金是完全不一样的。比如说,类似的商业繁华区、办公区,东京的租金高达大阪的 1.5 倍。

在大阪,哪怕是在街面上开店,也能保证我们做到以 280 日元的统一价为消费者提供菜品。但是在东京的话,要实现这个目标却相当困难。因此,我们在东京的店铺选址基本不在街面上,而是在租金便宜的阁楼或者地下室。

对于白领们下班以后能够轻轻松松小酌一杯的居酒屋来说,店铺有没有开在一眼就能看到的街面上,其实对营业额还是有很大影响的。但就算是这样,客人还是愿意光临我们那些位于地下室或者阁楼的店铺。对此,我心里无比感激。

确实,开店就要开在街角处,这个常识大家都知道。但事实上,店铺赢利与否并不单单取决于这件事情。菜品的味道、价格以及服务人员的态度等,这些都是一家店的软竞争实力。

我并不相信什么风水一说。

日本的关西地区有一种叫作"十日戒"的仪式,是指做生意的人从今宫戎神社启程,朝着其他的神社出发,一般为期 3 天,1 月 9 日、10 日、11 日。大家通过这种活动祈祷自己生意兴隆。关东地区却没有这样的仪式,这似乎是关西地区特有的。

我的父母亲也是做生意的，所以我小时候被父母亲带着去参加过"十日戒"这个仪式。

那我对此究竟是怎么看的呢？

从我25岁做生意开始，迄今一次都没有去参加过这个仪式。不知道是我对这种仪式没有什么兴趣，还是因为我觉得去朝神佛祈祷自己生意兴隆这件事本身就很可笑。总之，我认为这样做毫无意义。

比如说，我们自己店铺签合同的时候也一样。很多房东或者房产公司一般都安排在黄道吉日去签约，而我完全不在乎这个。

所以说，就算是让我在地狱门口开店也无所谓。

有一次，一位房东先生看完鸟贵族新店铺的初期设计图之后，好心想要给我建议，他对我说："大仓先生，我觉得你正门的朝向还是改一改吧。这里风水不好，是死门。"可我却认为开店最重要的明明就是怎样做到物美价廉，而不是靠什么风水。所以到现在那家店的正门还是朝着所谓的"死门"的方向。那又如何，店铺不还是照样生意火爆。

对我来说，值得信赖和崇拜的不是什么鬼神，而是我的先人们。只有给父母还有祖父扫墓这件事，我每次都会认真对待，亲力亲为。

第 2 章 "统一价 280 日元，低价却美味" 的秘密

在先人的墓碑前，我会祈求他们的保佑，保佑我的家庭、公司员工以及周围的人都能身体健康，生活幸福。

特别是在店铺租金过高的首都，我们拥有不少像这样的阁楼小店铺。

第 3 章

"我们是鸟贵族人"
企业自豪感的培养法则

物美和价廉都要兼顾。能够实现这个目标最重要的一环就是"人"。"我们是鸟贵族人"。为了培养出拥有这样强烈集体荣誉感和自豪感的员工,我在这里着重为大家介绍一下我们鸟贵族人的奋斗日常,以及我们每天朝着目标奋进的样子。

● "我们是鸟贵族人"

在这里,我来给大家分享一则营业部长在会议上告诉大家的故事。

公司的一名正式员工和另外两个打零工的孩子一起,一行三人在唱完卡拉OK回家的路上,被五个小混混给拦住了。那名正式员工甚至被小混混扯住了头发。

这个时候,为了去救这名正式员工,其中一个打工的孩子准备赤手空拳上去拼命。

就在这个瞬间,另外一个打工的孩子的一句话,竟然使这场一触即发的斗殴烟消云散。

他说:"我们是鸟贵族人。"

就因为这样一句话,那个准备上去拼命的打工的孩子也冷静了下来，不再去跟小混混争论，从而使场面得到控制。

我们公司坚决反对大家有除了正当防卫以外的暴力行为。打架，甚至将他人打伤，这些行为和正当性完全扯不上任何关系。而且如果严重的话，一次暴力行为就有可能致人死命。

不使用暴力是社会人的常识，但是作为一个年轻的19岁的打工的孩子，却能牢牢记住鸟贵族的原则，同时将我们的原则和底线坚守住，对此我从内心感到欣慰。

如果说，一名员工的言行代表着2700名员工，那么每名员工也都代表着300家店铺的形象。

如果一名普普通通的员工能在接待客人时获得消费者的喜爱，就代表着300家店铺都会得到消费者的支持。相反，如果有一名员工让消费者有了不愉快的体验，就意味着鸟贵族全体都会失去消费者的信赖。

所以，我经常对员工说，请带着强大的内心和责任感投入到这份工作中。

因为，我们是鸟贵族人。

正是因为有这些满怀着集体荣誉感和自豪感的员工的支持，才有了我们鸟贵族的今天。

在这一章中，我想为大家介绍一下，怎样才能培养出这种充满集体荣誉感和自豪感的员工。

我们不是做酒水生意。首先从定义好公司的路线开始

想要培养好员工,就必须从定义好自己公司的路线开始。

我们公司的路线就是,我们不是做酒水生意。

翻开字典,查一下"酒水生意"这个词的意思。

> 酒水生意:靠客人的人气、消费来赚取利润的赢利方式。
> 主要是一些餐厅、酒吧和风俗店。

现今社会,通常对这个词是持否定态度的。

事实上,当25年前鸟贵族刚刚创业,我们在租店铺的时候,就有房屋中介说:"这个房子不太适合做酒水生意吧。"另外,在我们店里打工的大学生跟父母说要在鸟贵族工作时,有的父母甚至说:"你要是敢去鸟贵族工作,就别上大学了。"甚至还有父母用激烈的方式阻止孩子在鸟贵族工作。这样的事情曾经都有发生。

在那个年代,大家都认为鸟贵族是做酒水生意的。我很喜欢餐饮业,并且觉得自己天生就是干这一行的,但自己如此喜欢的行业却被大家误认为是非正经行业的酒水生意,这让我内心觉得非常苦闷和不甘心。

因此,哪怕是为了那些和我一起奋斗的员工,我也要将鸟

贵族做成一家让大家佩服的企业。靠着这个想法，鸟贵族又重新振作了起来。

绝对不能让别人给我们扣上一顶"酒水生意"的帽子。

整个餐饮界的社会地位都有待提升。

回首创业以来的 25 年，甚至可以说，我们就是为了实现这个目标才一步一步努力到今天。

【法则 1】工作中不喝酒，也不陪酒

首先，工作中绝对不喝酒，也不陪酒。

创业初期，时不时有客人点酒并邀请服务人员一起喝。这样确实可以提升我们的营业额，也能增加和客人交流的机会，所以当时的业界对这种行为是持欢迎态度的。但是，在社会的普遍认知里，工作时间饮酒简直是天方夜谭。也许，能被允许工作时间喝酒的，也就只有做酒水生意的吧。所以鸟贵族决定，要坚决杜绝这种风气。

这个禁令确实激起了一部分顾客的不满，也让一些常年从事餐饮业的员工感到一丝不愉快。

那位感觉不快的员工是这么对我说的：

"做的就是酒水生意，还禁止喝酒。我们又不是麦当劳。"

对他这样的态度，我回答道："鸟贵族自始至终做的就不是酒水生意。相反，就像你说的，我正是以麦当劳为奋斗目

标呢。"

虽然当时我说话的语气不太好,但我是真心想要成为餐饮界的麦当劳。对我来说,这反而是表扬的话呢。

【法则2】 从拥有3家连锁店开始就加入社会保险

其次,我们要做的就是,加入社会保险。

当时,鸟贵族还仅仅有3家店,是一个小得不能再小的公司。一个只有3家店铺的小型公司申请加入社会保险,这样的事情估计前所未闻。

就这样,为了和社会上一般的企业看齐,为了不让大家把鸟贵族和酒水生意联系在一起,我们一步一步慢慢地摆脱了"鸟贵族是酒水生意"的固有看法,开辟了新风尚。

一位和我一样从事餐饮行业的老总曾经告诉我一个故事,他就是因此才决定要努力提高世人眼中餐饮业的形象的。

曾经有一个员工给他发结婚请柬,然而和结婚请柬一起的,还有一封辞职信。那个员工说他不得不辞职,因为结婚对象的父母称:"我们不可能把女儿嫁给一个做夜工的人。"

正是这件事让这位老总深深地意识到,这个社会对于餐饮业的看法是那样不上台面。这个血淋淋的事实刺痛了他,于是他暗下决心,一定要竭尽全力去改变和提高餐饮行业在大家心中的印象和地位。

就在我写这本书的时候，与社会上其他的行业相比，人们对餐饮行业的评价还是要低很多。想要在餐饮界就职的人也比其他行业要少。

事实上，从事餐饮行业也是一份能够带给人们感动和喜悦的非常棒的工作。将这个行业的魅力扩散出去，让更多的人理解并认识到餐饮行业的好，将是我这一生的使命。提高整个餐饮业在社会上的地位，也是我们鸟贵族的使命。

【法则3】避免过劳，避免低薪水

我们还需要去调整和努力的就是，改善劳动条件。

首先，我们要帮助员工从长时间的体力劳动中解脱出来。不光是餐饮业，日本的各个行业都一样，加班似乎已经成了家常便饭。餐饮业从早上进货到夜晚打烊，无论如何都确实是需要长时间劳动的行业。但对这种社会现象，也并不是没有任何应对措施。

长时间过劳会阻碍公司招收优秀的人才，长此以往，公司的人才竞争力就会下降。

鸟贵族中午不营业。所以，不需要早上那么早来上班。

但是鸟贵族有一项非常重要的工作，就是要在开店前在店里现场手工穿鸡肉串。曾经，这个工作都是我们公司的正式员工来做。那个时候大家每天都不得不很早来店里上班。

后来，因为要尽可能避免员工长时间过劳，我们将这项穿鸡肉串的工作安排给了做临时工的阿姨们来做。

除此之外，我们也致力于提高员工待遇。

餐饮业就职率低的原因，除了长时间劳动以外，还有很重要的一点就是，工资与其他行业相比要低很多。我们作为用人方，也没办法一味地给出很高的工资。

但如果工资太低的话，不免会造成很多员工心有不甘、消极懈怠。

更何况，我们也希望能好好回馈一直努力工作的员工。

因此，虽然我们鸟贵族的基本工资是按普通员工、店长、经理、总经理的等级来划分的，但却额外设置了奖金制度。在整个业界，鸟贵族的奖金额度都是很高的。除此之外，我们还针对个人和店铺的业绩分别设置了奖赏制度。

【法则4】一切的判断标准就是"好和坏"

就这样，在坚持鸟贵族基本方针的基础上，我们把每一个在鸟贵族工作的员工都当作最重要的伙伴，并且一起分享"自我陶醉"的信念。

我一直都认为，培养人才最重要的一点就是统一思想。

第一步就是要统一大家的言行。

对于我自身，因为身为一个管理者，所以时常要做很多决定。我经常要考虑，哪一种方式对鸟贵族是最好的？这样的决断可以吗？能否让公司有进一步的成长？说得夸张一点，有时候一个错误的决断，有可能就会导致企业破产。

那么，要凭借怎样的基本准则去判断呢？

我的思考方式很简单。

是好？还是坏？

这就是我用来做出判断的全部标准。这个决断，对员工来说是好的吗？对公司来说是好的吗？

当我这样想的时候，通常就能战胜迷茫，清晰地做出判断。将"是好还是坏"作为做决断的标准，并不是什么不得了的方法。这是一家店想要经营下去必须遵守的最基本的原则。只要做到这一点，就可以实现正确的经营。与此同时，还能树立良好的企业形象，同时也能影响每一个员工自身的言行。

"与人为善"被我们明确写入企业的言行指南中。

鸟贵族的全体员工，不管是生存、工作，还是生活，都秉持着一颗善心走正途。

对于一个人来说，想要判断是非善恶并不是什么困难的事情。但是有许多人，他们在心中隐隐认为某件事情不对，但还是抵挡不住内心的欲望，最终犯下了错误。例如霸凌、工作懈怠、随手乱扔烟头、在公交车内打电话、偷东西、酒驾、暴力、欺诈、做假账、逃税等。有多少人认为这些并不是"坏"的行为呢?

我想,大概所有人都知道这些是不好的行为。但是,依旧会有人觉得,做好人的话就吃亏了,于是其所在的公司最终沦为黑心公司,这样的事例不在少数。

当一个好人,有一颗善良的心,才能够拥有一个幸福的人生。至少在我看来,我们鸟贵族的全体员工都是这样怀抱着一颗美好的心在努力生活。我们一遍一遍地传播这样的美好。

我想,就是因为有这样高度的集体感,本章开头故事中那个打工的孩子才会不由自主地说出"我们是鸟贵族人"这样的话。

【法则5】培养能把理所当然的事理所当然地做好的人

我经常跟自己的员工说:"要把理所当然的事理所当然地做好。"如果能会集到很多"把理所当然的事理所当然地做好的人",那么这家公司就能成为一家能够把理所当然的事理所当然地做好的公司。

对我来说,这就意味着这家公司能成为一家"好公司"。在我看来,只要达到这个标准,这家公司,甚至整个行业的社会地位就都能得到提高。

它和"通过是好还是坏来判断"一样,都属于看起来容易做起来难的事。所以,确立规范就变得特别重要,但是太过勉强并强制大家去遵守的话，也就失去它原本的意义了。

遵守时间，打招呼讲礼貌，注意仪容，一直保持着一颗感恩的心。享受到别人的服务以后，要记得说一句"谢谢"，对客户要记得说一句"承蒙您长久的关照"，想抽烟的话要知道顾及一下不抽烟的人的感受……这些都是理所应当的事，但将这些事情都放在心上并且能做到的人，想必并没有那么多吧。

所以说，比起教会员工使用烤串设备和烹饪技巧，在那之前还有一件最重要的事情，就是要让他们明确理解并且认同这些做事的道理。

【法则6】决不让没有做人原则的人任职管理岗

我在公司明确声明过，不管一个人的个人能力有多强，人缘有多好，如果他没有一颗可以分辨是非的心，没有正义的信仰，不能把理所当然的事情做好的话，是绝对不能让他去任职管理岗位的。

值得骄傲的是，有一次在公司会议上我询问大家："你们喜欢这个公司什么地方呢？"好多人都回答："喜欢这个公司的氛围。大家相处得特别好，特别是有困难的时候，每个人都会很热心地帮助我。"

一个连最基本的做人道理都不懂的人如果做了管理层的话，他的下属就会特别惨。这样下去，整个组织都会崩坏。他自己都做不好，就更别提好好地去指导下属了，这样一来整个店都根本没办法好好为消费者提供优质的服务。

事实上，别说不让这样的人做管理层了，从一开始的招聘阶段我们就不会招这样的人。我们想要成为的就是这样单纯的公司。

我们对自己的菜品还有定价都有信心。用280日元的统一价提供给消费者烤鸡肉串、小菜以及饮品，这就是我们鸟贵族要做的生意。

对于销售员来说，拼命地把产品推销出去是理所当然的事情。

但是，就算是销售员，也是人呀。

如果那个人不能首先好好做一个人的话，那要怎样做才能把产品的优点好好传达给消费者呢？

只有那种本身就有人格魅力的店员，才能真正理解我们统一价280日元的营销理念。这才是我们鸟贵族要做的生意。

【法则7】 用自己的语言来阐述什么是"自我陶醉"和"志向"

这里有一个问题就是，究竟如何才能将我们的"自我陶醉""志向"以及那些做人的基本道理成功地传达出去呢？

我们鸟贵族的总部和各个店铺的所有员工，加上那些负责穿串的临时工，一共有6000余人。这是一个庞大的数字。

其中总部的员工、各个店铺的正式员工，加上店长以及管理店长的经理们，一共有600人。其余的人都是非正式员工，他们的雇佣方式、年龄、价值观可以说是千差万别。

所以，想要给全体员工传递我们公司的理念，把最重要的精神成功地渗透到他们的内心深处，是一件特别困难的事情。

迄今为止，为了将"自我陶醉"这种理念深植人心，我都尽可能去参加员工会议、店长会议以及经理层会议，在会议上直接跟大家阐述，店长也会在每个店的小组会议上跟大家传达。我们以前一直都用这样的方法去传播理念。当然了，这样也确实有一定的效果。

但是后来，随着事业的扩大，连锁店越开越多，所以好多时候传播理念的工作并没有做好。我也很难面对面地去跟每一个人讲述这个理念。所以，我最近在很认真地考虑，是不是要专门设置一个部门，担当"传教士"的职责去给大家宣传公司的理念。

最终我得出一个结论，那就是，这个工作还是需要由那些最了解也离员工最近的、负责管理每个店店长的区域经理来做。

因为这些经理也是从一个个门店的店长中提拔上来的。他们和消费者有过真正的接触，并且感受过消费者好评。就是因为有了这些实际的体验，所以由他们来给员工传播鸟贵族的理念、志向以及言行准则再适合不过了。他们可以用自己的经验和语言来表达这些思想。

具体实施方法是这样的。

这些区域经理每个月都会定期举行一次会议。首先，在这个会议上，会连续两个月一直循环传达公司的理念。我会直接面对经理们，从头阐述我们的"自我陶醉"理念，要求经理们将这种基本理念、言行准则传达给每个店里的工作人员。

接着，从第三个月开始，每个区域经理要组织各区域的店长们进行学习。每组20人。经理用自己的语言和经历来告诉他们鸟贵族企业的理念、思想以及言行准则。

学会用自己的语言去阐述，这点很重要。

最开始的时候，要详细地一字不落地记住这些准则。但是，这样并不能深入到骨髓里。所以，必须结合自己的实际经验，用自己的语言去传达给店长。这样的话，才能让人产生共鸣。

现在在鸟贵族，我们不但要求区域经理，还要求各个店面的店长也要做同样的事情。

这项活动的重要性，还远远不只是理念和志向等的渗透。

鸟贵族的目标，就是要做一家能永远经营下去的企业。但是我，也包括和我抱有同样理念一起创业的伙伴们并不可能永远跟随着公司。

所以我并不仅仅是在传达理念，而是希望以这样的一种方式，将这种理念代代相传。希望有一天能够形成一种企业文化，一种员工能够自然而然、承前启后地去继承公司的理念和志向的企业文化。

【法则8】在店内培养"自我陶醉"精神，加深与企业间的牵绊

当然了，光是纸上谈兵，整天把这些理念和志向挂在嘴边，是不行的。如果不把这些理念转化为实际的行动，那就毫无意义了。

为此，我们先是让经理们、店长们用自己的语言结合自己的实际去阐述公司的理念和志向。在这个基础上，我们要努力让全体店员都能实际感受"自我陶醉"。

一个月一次的店内小组讨论会上，店员们要相互分享自己的"自我陶醉"经历。比如说，跟客人说了这样的话以后，从客人那里收到了那样的反映，等等。

例如，店里暂时客满的情况下，给正在等座的客人端一杯茶时收到的那一句"谢谢"之类的。

通过这种方式，不仅仅是当事人，店内的其他员工也都能够感受到这份"自我陶醉"。

变成大家共同的体验，到底意味着什么呢？这意味着，再遇到同样的情况时，每个员工就能清楚地知道应该做什么，应

该说什么，怎样做才能让每个人开心。这些都会瞬间体现在员工的实际行动中。

【法则 9】对在店里负责穿串的钟点工们也普及企业理念

鸟贵族的理念和志向的传播与渗透，并不仅仅针对每个店铺的员工，对于来店里负责穿串的临时工阿姨也一样。

随着生意的逐渐做大，现在鸟贵族每家店每天的穿串量达到 500 串以上。所以，那些临时工阿姨的工作可以说是相当重要的，说她们的工作是鸟贵族整个企业的核心也不为过。

但是，同样是在鸟贵族工作，为什么那些临时工就像是工作机器一样呢？如果她们也像店里的员工一样有着极高的集体荣誉感的话，不就能更加努力工作了吗？我之所以意识到这个问题，是因为 2010 年的时候曾针对全体员工做了一次问卷调查。

其中有这样的现象。正式员工以及打工的学生都对工作的满意度很高，但是那些临时工对工作的满意度却没有那么高。另外，还有一些人提出疑问，那些临时工阿姨是不是根本没有接受过鸟贵族的理念教育，是不是根本就不知道鸟贵族是干什么的呢？

此外，我在推特上也看到过这样的动态："我真的超级崇拜鸟贵族的营销理念。今天又自我陶醉在穿串工作中。"我看到这句话的时候，内心感到深深的惭愧。一直被我忽略的这些临时工阿姨，竟然如此深爱着公司。对此，我在汗颜的同时，还对她们充满了感激。

在我心里，确实是只顾着在意那些直接在店里接待顾客的员工，只想着这些人有没有理解公司的理念，却忽略了其他很多重要的地方。

现如今，我清楚地意识到，将公司的这些经营理念推广到临时工阿姨，让她们能在这样一份简简单单的穿肉串的工作中领悟到公司文化的核心，并且带着这一份信念一直努力地工作下去很有必要。

我相信，有了这些对工作充满使命感且干劲十足的临时工阿姨，公司整体的生产效率定会得到极大的提高。

至于这些临时工阿姨的薪资报酬，曾经有员工建议采取多劳多得的计算方式：以一小时为单位，完成量多的工资相对更高；反之，则工资比较低。

然而，事实证明这样的计算方式并不可行。原因是并非所有的临时工阿姨都有着相同的金钱观。既有为了多拿工资而拼命努力去提高效率的人，也有那种只希望可以不慌不忙轻轻松松完成工作的人。最终结果就是，哪怕采取多劳多得的薪酬方式，也并不能真正地从根本上提高全体临时工阿姨的工作效率。

通过总结分析，我们认为唯有通过普及公司文化这一条途径，才能让全体临时工阿姨深刻地懂得并理解这份简简单单的工作中蕴藏的意义，才能真正地从根本上提高她们的工作效率。我相信，只有明白了这份肉串到底是为了谁而穿的，为何要这样穿，又是谁会因为这样一份简简单单的肉串而感到幸福等等这些问题，穿串的工作效率才能得到根本的保障。

【法则10】从不录用那些无法赞同企业文化的人

总会有人感到疑惑："你们的员工中就没有不赞同企业文化的人吗？"答案确实是"没有"。因为在最初的招聘阶段我们就会对应聘者进行一次筛选。而在正式录用时，我们还会就企业在业内的定位、今后的经营策略以及重要的企业理念等方面对新入职员工进行一次培训。

一方面，在整个培训过程中，我们会着重观察新入职员工的性格是否与企业文化相匹配，还会观察新入职员工是否心存"善念"，以及是否将善良真正融入自身行动中去。这些在细节上的观察是新入职员工培训中重要的环节。

另一方面，团队协作能力在鸟贵族中也受到极大重视。从本质上说，工作原本就不是单靠一个人能够完成的，人和人之间的沟通和协作对于完成一项工作而言是不可或缺的。所以说，任何一个新入职的员工如果不喜欢和他人沟通或者协作的话，实际工作将很难展开。

因此，来鸟贵族面试的人经常会被问及与沟通交流相关的问题,如果应聘者的答案是"我不太信任旁人"或者"我没觉得有必要感谢他人"这些的话,我们就会断定这个人很难在工作中信任同事,也很难和同事一起协调完成工作,这样一来就更别提还能去给顾客提供什么优质服务了。

正是通过这样的招聘以及培训过程,我们得以成功地甄选出那些认同鸟贵族企业文化和理念,并且能将鸟贵族"自我陶醉"的理念应用到工作中的合适人才。

【法则11】保证员工的培养和评价系统公开透明

对于通过以上面试成功被公司录用的员工,我们又是怎样进行培养的呢?

单单通过企业文化和理念的普及教育是无法使整个公司成功运转的,在实际经营过程中还需要一些别的技巧和方式。我们鸟贵族会对刚入职的正式员工按照"社员—店长—管理层—高管"这样的晋升步骤来进行培养。当然了,实际的工资和这些级别也是直接挂钩的。

此外,公司内部还会发放一些列举着岗位职责、职务内容的员工手册。每当员工能完美胜任当前岗位上的工作,并且具备胜任更高职位的能力时,我们就会及时对他进行提拔和加薪。

比方说,普通员工分为3级、2级和1级这样三个阶层。当员工能力达到1级以上时,他就会被提拔为店长。从社员1级升到店长的整个过程中,员工需要承担很多人力、物品、财务管理等多方面责任。此外,店铺的运营、QSC(品质、服务、清洁)管理等一系列的流程确认能不能做到无懈可击,也是我们考察一个员工能不能提拔为店长的必要条件。

职务提拔的整个过程中严禁所谓的"对上层投其所好"这种虚伪圆滑的人际手段。员工只要努力工作,就会有升职加薪的一天。只要能在工作中不断发现自己的不足,就能够不断获得进步。这就是我们鸟贵族一直宣扬的晋升理念,并始终坚信员工们会在这种晋升理念的激励下不断地实现自我成长和进步。

公司本身也会对员工定期进行与职业技术相关的培训。企业内部的人事机构设置了"店铺管理课程"、"店长研修培训"、"人际关系培训"、"沟通能力培训"、"了解对方的谈话技巧培训""关于实践管理的方法"和"目标设立的方式"等课程,目的就是要给各个层级的员工都提供适合他们自身的培训内容。

【法则12】就算员工增多,也要一个个认真对待——面对面地交流

在我看来,人才培养、团队建设中最重要的一项就是面对面地交流。所以,鸟贵族是一家热衷于开会的公司。除了董事会,还有高层管理者齐聚的营业部会议、中层管理者的会议、

店长和社员的基层会议。除了一些重要事项的研讨和决策，会议更重要的是多提供一些能够让大家面对面沟通交流的机会。包括我在内，公司规定董事会成员一定要尽可能地积极参加这些会议。也正因为如此，我的个人日程表里几乎全是大大小小的会议安排。

正是因为我和其他董事会成员积极参加各种大小会议，所以就算是新入职的员工也有很多能和公司高管面对面交流沟通的机会。

单拿店长会议来说，在有些大的营销区域，一次店长会议就有可能达到将近100人的规模。像这样的大规模会议基本上已经接近一个会场能够容纳人数的极限了。我们目前也在尽可能地想办法去解决有时候会出现的超规模会议的情况。但是，会议这种可以面对面交流的形式，是我们进行企业管理的一项原则，会这样一直保持下去。

通过这样的会议形式，员工甚至有机会和董事会高管甚至董事长这些他们平时根本没有机会遇到的人进行面对面的交流。也正是因为这样，往往在会议的现场就能催生出很多好的意见和想法。

在这里要特别提一句，鸟贵族总部大厦里是没有董事长和管理层的单独办公室的。所有的管理层都和普通员工一样，在一个开放式的大厅内办公。这样的办公方式的设计，目的也是要营造出一种开放轻松的环境，以便于每个人面对面地进行沟通和交流。

【法则13】重视每一个员工的灵感——通过邮件征集改善方案

我常常通过邮件收集员工们关于近期营销方式效果的评价。这种反馈模式出现的契机，源于去年（这里指2011年）发生的一件很有趣的事。

这是一个曾在其他餐饮公司就职，并于去年（这里指2011年）跳到鸟贵族营业部的员工的故事。刚到鸟贵族的第一天，他就给我发了一封邮件。邮件中提到"目前鸟贵族的乌龙茶是混合型的，通常要在比较贵的乌龙茶原液的基础上再去兑水稀释，不但原料贵而且增加员工的工作量。如果用市面上现卖的瓶装乌龙茶替换的话，不但可以减少成本，还节省了员工的操作时间"。

我在看到这封邮件中的提案时，深以为然，同时也不由得反思自己目前获得员工意见的渠道。除了会议以外，还有很多好的想法和灵感是可以通过邮件的方式获得的。如果能够通过邮件征集到更多好的灵感的话，鸟贵族自然也会越变越好。

因此从那以后，我就立刻着手建立了一个用于"灵感征集"的邮箱系统。

鸟贵族全体工作人员都可以随时登录和阅览这个邮件投稿系

统。自从创建以来，投稿量和阅读量一直在持续增长。

为了保证企业的长久发展，作为经营者就必须及时获取工作在一线的专业员工们提出的宝贵意见。然而企业在不断地发展，旗下店铺的数量也在持续增长，这就会导致我能够亲自出现在每家店的时间变得越来越少。这种时候，就更需要一个这样的邮箱系统，便于经营者及时获取每一位员工的智慧。

当然了，想要将员工提出的灵感和意见充分理解吸收的话，仅仅靠阅读这样一封邮件是远远不够的。

一旦收到邮件，经营者必须认真思考这些意见的可行性。并且，不管对于员工的意见是否采纳，经营者一定要及时给予回复。

就像前面提到的乌龙茶案例一样，一旦确认这是一个好点子，经营者就必须尽快在这个基础上着手实施。只有这样认真高效地对待每一封邮件，才能把鸟贵族全体员工对于投稿的积极性充分地调动起来。

经由这种简简单单的邮件征集的形式，鸟贵族全体员工都能参与到企业管理中来。这样一来，对于员工来说，鸟贵族就不再单纯只是一个工作场合了。鸟贵族变得更像一个家，员工们都能带着一种主人翁意识，更加用心地投入到鸟贵族的工作中去。

第 4 章

"美味且统一价280日元"是鸟贵族连锁经营的铁则

第4章 "美味且统一价280日元"是鸟贵族连锁经营的铁则

就像之前章节中所阐述过的那样,味道的坚持、成本的节省、人才的培养等,这些守则对于一家连锁企业来说都是最基本,也是最重要的。而当这一项项守则被运用到具体100间店面、1000间店面,甚至更大规模的经营中时,实践起来也会越来越难,很多时候往往会有心无力,守不住自己最初的志向和原则。这个时候,或许有人就会问了:"那么,究竟要怎样做才能克服这些困难呢?"在第4章中,我将就这些问题为大家一一作出解答。

● 坚持菜品低价化、服务高效化的连锁经营方针不动摇

从古至今,在餐饮这个行当里,像鸟贵族这样一个以单一经营形态去开展连锁经营的例子往往被业界同行们否定或等着看笑话。其中一个很重要的原因就是——在第2章中提到的——部分大型连锁经营企业的破产给业界造成了一些不良影响。

在众多的否定意见中,"所有店面都是一样的,非常刻板,

没有新意""连锁店也只是上菜快而已,味道就马马虎虎了""都是形式主义,接待客人一点儿都不走心"等等,这样的声音是最常被听到的。

哪怕是作为连锁店经营者的我,比起连锁店,其实还是更偏爱去一些私人开的小店。在这些私人开的小餐馆里,常常可以吃到一些连锁店里绝对没有的手工慢炖料理。而且,顾客常常还能体验到像家人一般的招待方式。总之,这些私营小餐馆往往能带给顾客一种舒心又温暖的用餐感受。

这些小店深深地吸引着我。对我来说,它们已经是我生活中不可或缺的一部分。

那么,问题来了。鸟贵族这样的连锁店还有存在的意义吗?

答案毫无疑问是肯定的。连锁店自然也有其独有的存在意义,它们用其特有的经营形式在社会中发挥着重要的作用。我想,无论是私人开的小餐馆,还是大型的连锁店,都是整个餐饮界中重要的组成部分。正是因为有这样不同的经营形式,餐饮业才会如此丰富多彩。

让我们试着一起思考一下吧。如果这个世界上没有了连锁店,生活又会怎样呢?

首先,有一个答案是肯定的,那就是物价一定会比现在高。

在30年前,普通茶餐厅的一杯咖啡大概是250日元。然而现如今,普通咖啡厅里一杯自动咖啡机冲泡的咖啡只需要200

日元左右。连锁店巨头麦当劳的一杯咖啡甚至只要 100 日元而已。

在 30 年前,一瓶生啤(中瓶)的价格大概在 400 日元。然而现如今,鸟贵族里一瓶同样大小的生啤只需要 280 日元。

虽然连锁经营的形式被很多人诟病,但就连这些人也不可否认的一点是:正是因为有了连锁经营这样的经济形态,日本的餐饮服务业才能有现在这样低廉的物价。对此,我感到无比骄傲。

以连锁西餐厅为例。在它们出现于日本的餐饮行业之前,市面上的那些传统日式餐馆的服务态度和质量实在是令人不敢恭维。

第一次亲眼见到连锁西餐厅,是我还在厨师学校上学的时候。算起来已经是 35 年前的事情了。在当时租赁房子附近的街面上,有一天突然开了一家连锁西餐厅。那时候的第一印象只有三个字:惊呆了。不管是装潢还是所提供的料理,每一项都是那么精致,那么无可挑剔。最重要的是,餐厅的服务态度是我在当时的日本从来没有体验过的。那么体贴、温柔和细心的待客方式,给我留下了深刻的印象。

随着连锁经营模式的迅速扩张,"量多价优"的经济理论得到了认证,企业的原料成本有效地得到了削减。正因如此,连锁企业才能用极优惠的价格为消费者提供优质的菜品和服务。

整个连锁经营行业都在努力去做更好的自己,只为了能够为客人提供更好的、更优质的服务。通过整个餐饮业的不懈努力,全体服务行业也逐渐开始注重服务态度和质量。可以毫不夸张地说,正是由于连锁企业的努力,日本才能拥有如今这样优质的服务质量,普通百姓的生活才能这样舒适幸福。

说我是连锁经营赞成派也好,激进派也罢,总之,从创业的第一天起,我就下定决心要朝着实现连锁经营的目标去努力。

● 从个体经营到连锁发展

讲到这里,就出现了一个很关键的问题。那就是怎样才能既发挥连锁经营的优势,又精准地规避连锁经营的弊端呢?

关于连锁经营的优势,我在第 2 章中已经做了充分的阐述。简而言之,最重要的一点就是可以有效地削减成本。连锁经营的所有店铺都是统一提供同样的菜品,这就使得我们可以在购买食材的环节实现大量订购。众所周知,大量订购就意味着可以以相对便宜的单价买进食材,从而成功地实现食材环节的成本控制。

连锁经营的另一个优势,是我们能够保证顾客享受统一的用餐氛围。在连锁经营这种形态下,不管是食物的料理方法还是店面的装潢,都是按照一定的规则统一进行的。这样一来,不管熟客去哪一家鸟贵族的分店,都能瞬间找到熟悉感,使熟客们有一种宾至如归的安心感和信赖感。这样一来,鸟贵族本身的企业形象也就能深深地扎根到群众中去。

不得不承认,连锁经营也有其不可规避的劣势。正如前文提及的,连锁经营的所有接客步骤和内容都是统一的,我们要求所有服务人员严格遵守服务守则。随之而来的问题就是,连锁经营常常会被吐槽"服务态度好生硬啊,跟机器一样"等。此外,除了服务态度本身,顾客们也常常会觉得连锁经营过于关注形式,从而担心食物本身会不会不好吃。

那么,在具体的经营过程中,又要怎样去正确规避以上这些弊端呢?

首先,就像前面第 2 章中提到的那样,经营者需要在提高效率的各种选择上进行甄别。简单来说,就是要在需要提高效率的地方去极尽可能地提高效率,而在不应该提高效率的地方则要坚守原则不动摇。这才是我们在"如何实现高效化"这个问题上的基本方针。

那么,我们又要如何甄别哪些部分需要做到高效化,哪些部分不需要提高效率呢?这个问题是连锁企业经营中的重中之重,需要经营者们花费大量的时间和精力去仔细判断。

对于鸟贵族来说,最重要的、最不可动摇的原则是:以统一价 280 日元的价格,让广大顾客品尝到最好吃的鸡肉串。在这件事情上,鸟贵族是绝对不会为了追求高效率而破坏原则的。正因如此,我们果断放弃机械自动化穿串的模式,坚持每天以手工穿串的方式在店里制作新鲜的鸡肉串。

还有一个绝对要坚持的是我们的烧烤酱。关于酱汁的话题，我会在下文详细阐述。简而言之，鸟贵族不使用市面上酱汁制造商售卖的产品，所有酱汁都是在自己的工厂里用新鲜的蔬菜和水果去制作完成的。

开发独家酱汁，是鸟贵族为了实现自己独特的味道采取的经营手段。这也是我们一直提出的"连锁经营的非连锁化理论"。准确来说，将我们独特的味道以连锁店铺的形态去经营，才是鸟贵族真正的理想。

为了实现这个理想，鸟贵族又是如何一步步开展营销策略的呢？

● 从创业初期就胸怀连锁店数量达到 1000 家的野心

从鸟贵族的创业初期开始，我就一直抱着一颗想要开 1000 家连锁店的野心。

之所以将 1000 家连锁店当作自己的目标，是因为在我看来只有拥有 1000 家店铺的经营形态才能称得上是连锁经营。在日本，达到超过 1000 家店铺的连锁经营企业屈指可数。除了麦当劳以外，大部分连锁经营企业一旦拥有超过 1000 家以上的店铺，往往生意就开始出现大幅下滑，这一点非常耐人寻味。因此，在日本的饮食商圈有一个不成文的规则,那就是,单一形态的连锁企业的店铺数量千万不能超过1000家店铺。

鸟贵族现在拥有300家店铺。虽然说离目标还差很远,但我们一直将在关西、东海、关东这三大商圈的范围内开1000家店铺的愿望牢记心中,始终不变。

从创业的第一天开始,我就明确以1000家店铺、2000家店铺作为经营目标。或许有人要问了,你一直强调的这个"怀抱目标"的事情本身有什么意义吗?

当然是有意义的。因为这意味着,我从创业伊始就有计划地在考虑属于鸟贵族的连锁经营方式,一种不单单局限在一家店,甚至在1000家、2000家店也能同时推广实施的经营模式。

在和一些年轻个体营业者私下交流的时候,或者在公司小组讨论会上相互沟通的时候,我经常会被大家问到一个问题:"开展连锁经营的话,您觉得最重要的是什么呢?"对于这个问题,我的答案始终不变,那就是:"那要看你的目标是什么。目标不同,对应的方式也完全不同。"

为什么会有这样的回答呢?因为在连锁经营这个问题上,每个人对于"连锁"这个概念的理解就千差万别。有的人觉得10家店就是"连锁",而有的人觉得100家店才称得上"连锁"。当然了,也有像我这样,认为要达到1000家店才算得上真正的连锁经营。

事实上，在实际的企业经营过程中，10家店的经营模式、100家店的经营模式，以及1000家店的经营模式是完全不同的。

● 只有10家店的话，人和物都能事无巨细地掌控

下面，我将举例为大家说明一下经营10家店和经营100家店的不同之处究竟在哪里。

经营10家店的话，就意味着整个公司只有10名店长。算上临时工在内，公司的全部工作人员也就100人左右。以这样的规模要想达到在全国各地都设有分店的话是不太现实的，所以基本上要以东京或者大阪这样的商务中心为根据地，采取固定区域内集中经营的模式。

因为整个公司仅有10名店长，所以公司的经营者能很容易地与之熟识。经营者能够自然而然地记住每名店长的长相和名字，甚至可以清楚地了解他们的性格特点。就算是每周分别跟每一个店长进行一次两小时的深入交谈也花费不了太多的时间（只需要20小时）。从时间上来讲，这种深入交谈的方式对于经营者来说是很轻松就可以做到的。通过这样的方式，经营者可以准确地了解每一个店长最近的问题和烦恼。

此外，对于旗下100名员工的管理也是一样的道理。只需要租一个大一点的会议室把全员召集起来开会就可以了。经营者本人可以直接面对面地对员工传达各种指令。以我自身的经

验来说,熟悉旗下 100 名员工的长相和名字是可以很轻易就做到的。

经营者可以以一周一次,甚至一周两次的频率去巡视旗下的每家店铺,可以亲口向店长或者员工询问店里的营业情况,也可以亲眼去确认各家店铺的经营状况。这些管理方式对于一个拥有 10 家店面的经营者来说,都是可以很轻松就做到的。除此之外,经营者还可以针对各个店铺的特点去开发一些专属各分店的特色菜单。这些经营手段对于一个拥有 10 家店面的经营者来说也是可以很轻松就做到的。经营者可以亲身参与到各项具体事务中去,并且可以亲自把握每个分店的经营状况是否符合自己心中的定位。

● 拥有超过 100 家店的话,就必须制定保证营业质量的统一经营战略

如果拥有 100 家连锁店的话,那又会是怎样一种经营模式呢?

或许经营者还有可能将 100 名店长的长相和名字都一一记住,但每周抽出一个小时或者两个小时去单独和每一个店长进行深入交谈怕是万万不能了。此外,100 家店铺不可能集中分布在小范围的地域集中经营,也就意味着仅"巡店"这一项就要耗费经营者很多的精力与时间。

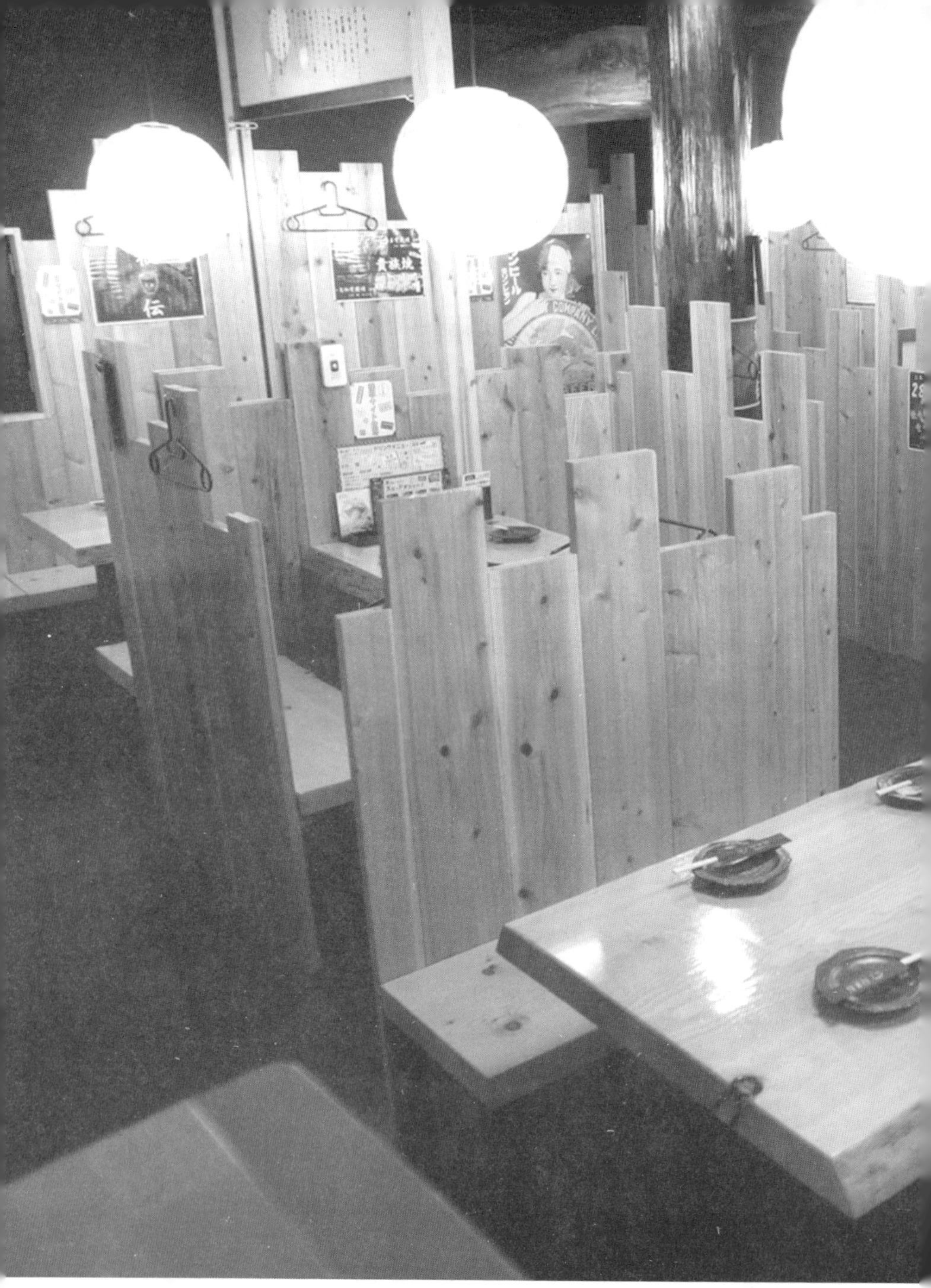
伝

为了能够使店铺空间得到更好的利用,鸟贵族在桌椅布局上下了一番苦功夫。最终决定采用可移动、可拆卸式的桌椅布局结构。

至于旗下的普通员工，粗略计算也应该会达到1000人左右。面对这样庞大的人数，租一间会议室一次性地安排下所有员工恐怕是不可能的吧。就算有足够大的场地可供这些人开会用，但单单是租这样的场地的花费也是笔不小的开销。因此，经营者想要通过开一次全体员工会议去一次性传达各种指令恐怕是很难实现的。除此之外，如果经营者还想要亲自去确认每一家店铺的经营情况，去倾听每一个店长近期的烦恼等这些行为都会变得非常不切实际。因此，当一个经营者拥有了100家店以后，首先需要做的就是在店长这个级别之上设置一个区域经理的职位。

这样一来，经营者在开展100家或1000家的大型连锁经营时，就算本人不能亲自向所有员工传达指示，就算和店长、店员的接触时间变少，就算不能亲自巡视每一家分店，也能通过区域经理这个职位去保证每一家分店都能将企业的经营理念好好地贯彻实施下去。

我从创业的第一天开始就朝着全国连锁的目标在努力，所以从开完第一家店后就不自觉地考虑第二家店要开在哪里。

到2016年（本书在日本首次出版的时间为2012年），我希望可以实现拥有1000家分店这个小目标。当明确了这个目标以后，下一秒我就开始考虑要采取怎样的经营模式才能保证这么多店铺能够同时正常运营。直到今天，我依旧在思考这个问题。

第4章 "美味且统一价280日元"是鸟贵族连锁经营的铁则

【铁则1】坚守统一经营指南,保证菜品系统化

接下来,我将与大家分享鸟贵族为了保证1000家店铺、2000家店铺正常运行而制定的几项必须遵循的铁则。

就算不能直接面对面对员工发布指令,就算不能经常巡视每一家分店,鸟贵族也依旧能够保证每一家店铺都能正常运营。实现这一切靠的就是铁则1:坚守统一经营指南,保证菜品系统化。

如果旗下的每家分店都分别采用不同的经营方针,提供不同的料理,采用不同的摆盘样式的话,鸟贵族也就变得不再是鸟贵族了。"兜里有这些钱的话,可以吃到那个熟悉的味道",有着这种想法的客人不在少数。倘若每一家分店擅自改动菜单或者布局结构的话,无疑就等同于背叛了客人对鸟贵族的固定期待值。

用鸟贵族的接客守则来举例吧。守则中记载了接待客人时的服务顺序、接待顾客时的固定台词以及面对顾客需要时的处理方式等等一系列的操作方法。从顾客的脚踏进店门的那一刻起,直到他用餐完毕离开为止,这期间顾客所需要的一切服务都有统一固定的接客守则可以遵循。单单是这样一份接客守则就有足足26页的篇幅。

此外,鸟贵族还发放了业务管理指导手册。其中记载了店里服务员的出勤打卡管理、每日流水管理,以及食材等的订货

管理等一系列的操作方法。当然了，除了这两种指导手册外，鸟贵族还另有店面卫生清洁流程管理指南、食材处理流程指南、食品安全管理指南、烤炉设备清洁流程管理指南、日常业务补充、新店开张指南等共计14种指导手册。

为了让每一名员工都能熟记并且在实际工作中完美地遵循这些指南，我们鸟贵族在新员工培训时就开始着重对他们进行这一系列的内容灌输。这一系列的内容灌输中当然少不了每一个店长的督促和管理。

在选择店长时，鸟贵族并不单单看这个人在团队中或者在客人中被认可的程度。当然了，这些因素也很重要。但比起这些，还有一个更重要的判断依据：这个人是否能将鸟贵族的各项指南充分理解，是否能够在实际的工作中指导并监督员工们去贯彻实施这些指南上的内容。一个能够在各方面把控店铺运营的人才是鸟贵族最需要的店长人选。

只有在这样的店长带领下，企业的这些经营指南才会被彻底贯彻执行，才能更加深入地扎根到每一名员工心中，才能成为企业文化的一部分。正因为遵循了这样的管理模式，鸟贵族才会在拥有300家分店这样庞大的运营规模时，依然能够保证每一位顾客无论去哪家鸟贵族都能享受到一样的氛围和服务。

这就是鸟贵族坚持贯彻铁则1"坚守统一经营指南，保证菜品系统化"而带来的显著效果。

【铁则2】 每家店铺都可自行开发特色菜单

像刚刚阐述的那样,鸟贵族的每家分店都严格遵守着统一的经营模式。不管是菜品的制作流程,还是材料的重量等都高度一致。只有这样才能保证每一家店的菜品味道和装盘样式完全相同。这一点确实是鸟贵族能够一直保持"鸟贵族风格"的关键所在。

然而还有一点也是不容忽视的。那就是如果每家店铺都能开发出专属于自己的特色菜品的话,确实会使每家分店都变得更加有趣。

之前我曾听到过这样一个故事。有一家连锁经营企业在各个分店里尝试推出了不同的特色菜品。于是每家分店都人气大增,甚至有顾客会专门为了体验各个分店的不同菜品而轮流光顾。

鸟贵族也适当地借鉴了这种特色菜品开发的形式,每一家分店除了统一的固定菜色之外还可以额外自由开发六个特色菜品。当然了,这些新菜品的开发也必须符合一贯的"鸟贵族风格"。鸟贵族每家分店的特色菜品在遵循这个原则的基础上被开发出来以后,先要提交给总部审核,在审核通过以后才会正式出现在顾客的餐桌上。

在开发新菜品的过程中,店员们的工作积极性往往都得到极大的提高,同时也能让经常来店里的熟客获得意想不到的惊

这是其中一家分店的店长推出的新菜品"鸡肉铁锅焖饭"。它是店里的人气菜品。

喜和满足。

鸟贵族的人气菜品"鸡肉铁锅焖饭"就曾经是一家分店的特色菜品。由于它的好评度极高，鸟贵族总部索性将这道菜品加到固定菜单中在全国的每家分店中统一供应。

其实，我曾经一度叫停过这种特色菜的开发环节。记得当初叫停时，周围充满了反对的声音。但我认为对于当时的鸟贵族来说，最重要的是要保证好固定菜品的品质。因为只有将企业本身的统一固定菜品做好，这家企业才能称得上是一家合格的连锁经营企业。乍一看，统一菜品的原材料分拣、料理的步骤、装盘的形式等似乎都很简单，应该只是店里最最基本的操作，然而想要全体员工都严格地遵守流程去操作却并不是一件简单的事情。

在这种情况下，如果店里还要强行增加特色菜品的话，与之相对应的操作流程就会变得更加复杂。连锁经营的优点就在于店铺的所有菜品都有其绝对固定的操作流程，在这个每天重复的固定流程里工作人员会养成固定的行为习惯，进而实现工作的高效率。所以，要想在分店里增加特色菜，首先不得不面对的就是操作流程变复杂这个问题，其次是随着菜品增加而随之出现的厨房的工作压力变大、上菜的速度变慢、菜品的质量变低等问题。

还有一个重要的问题不容忽视，那就是开发特色菜品到底能不能发挥出好的作用？一旦开发的特色菜品大受欢迎，是不是就要考虑将它放进统一固定菜单里去呢？可是如果不断地将特色菜品加进固定菜单里的话，鸟贵族又要将传统的统一固定菜单置于何地呢？

那么，分店的特色菜品的开发到底该如何进行，又该如何管理呢？我想，这些都应该是在企业本身品牌影响力坚实的基础上才需要进一步考虑的问题。

因此，我曾经一度叫停过这个项目。而在鸟贵族的品牌影响力达到了现在的程度以后，我重新指示各个店铺恢复了这个特色菜开发的项目。

【铁则3】我们的信念"坚守不变的味道"

鸟贵族的主打菜品当然就是烤鸡肉串了。而决定烤鸡肉串好吃与否的关键因素就是鸡肉这个原材料本身的味道。

鸟贵族的鸡肉串都是选用日本本土新鲜的鸡肉由临时工阿姨们全手工一串一串地在店铺厨房里现穿的。正是因为坚持了这样的制作流程，鸟贵族的鸡肉串才能做到像私家店一样有属于自己的独一无二的味道。也正是因为鸡肉串的销量极佳，鸟贵族才能大量订购鸡肉，从而实现原材料成本的缩减。这样一来，鸟贵族也就有多余的赢利去保证人工成本的开销。

或许会有人提出疑问，鸟贵族所有的食材或者调料都必须

第4章 "美味且统一价280日元"是鸟贵族连锁经营的铁则

在店铺厨房现做吗？事实并非如此。

决定整个鸟贵族烤串味道的最重要的一环——烧烤酱，就不是在店铺厨房现做的。这是鸟贵族唯一在别处的工厂里统一制作之后再运送到各个店面的东西。这个调料的制作工厂是我们鸟贵族所拥有的独家工厂。

不管过了多少年，不管开了多少家店铺，我们都希望将创业之初的那个味道一直延续下去。

鸟贵族的烧烤酱是用整鸡、新鲜水果和蔬菜混合熬制而成的。先将洋葱、大蒜、生姜、苹果用酱油腌制后炒至熟透，然后再加入整只老母鸡开始熬制汤汁。在熬上几个小时以后过滤出鸡肉和蔬果，只留汤汁在锅中。接着再在汤汁中加入盐、鱼骨、白酒等等，继续回炉熬上整整一个晚上。只有经过这样复杂的程序和漫长的时间，一锅真正优质的酱汁才能最终完成。

可以想象一下，如果让100个店铺分别在自家厨房里单独去进行上述整个熬制程序的话，又会出现怎么样的场景呢？

单单熬制这样的一份酱汁，每家分店就必须额外增加一名单独的熬酱人员。除此之外，因为熬制的人不同，每个分店烧烤酱的味道也会变得不尽相同。这样一来，不只是每家店铺的工作效率会变低，就连鸟贵族最基本的原则——保持统一的味道这件事也会变成一纸空谈。因此，鸟贵族坚持将这一份酱汁的制作工序交由自家工厂统一负责。

本店的酱汁是独创的。料理一般都是在店内制作,唯有酱汁是在工厂生产,然后配送至各店。

鸟贵族一直坚守单一经营的原则。所谓的单一经营就是指，不触及什么房地产等其他的产业，除了本行的饮食店以外其他一切都不插手。

现如今的餐饮业似乎有一种流行趋势，好多餐饮业的经营者除了自己的本行以外还常常涉及建筑、房地产、设计等多个领域。而鸟贵族不一样，我们一直坚持不涉足其他行业，只忠于本职工作。所以，哪怕是日本市场经济曾经一度恶化，鸟贵族也不曾受到任何波及。

烧烤酱工厂算是这单一经营中的一个小小例外吧。为了能够守住不管在1000家店还是2000家店都能不变的味道，哪怕增加鸟贵族整体的经营成本，我们也坚持开办一家工厂统一制作烧烤酱。

当然了，能省钱的地方还是要尽量省钱的。鸟贵族在日常的物流环节上会选择一些相熟的物流公司，并且将这些烧烤酱和食材、酒水等一起打包运送。虽然省下的钱不多，但是这表明了我们在最大限度地减少物流上的成本开支。

【铁则4】尽量避免因管理不到位而造成的经营风险

接下来要为大家介绍的，是如何尽量避免大规模连锁经营中的风险。

2011年发生的那起烤肉连锁店食物中毒事件至今让人记忆

犹新。5个年轻的生命就那样无声无息地消失了，让人不胜唏嘘。

鸟贵族在刚刚开始营业的那几年里也曾经将生鸡肉片刺身加入到菜单里过。

像"生鸡肉碎""生鸡肉条""鸡胸刺身""鸡肝刺身"等，这些都曾经是店里的人气菜品。但随着生意越做越大，店铺越开越多，我渐渐发现在店铺里提供生的鸡肉刺身这种行为隐藏的食品安全风险实在太大了。

在餐饮店里，刺身是最容易引起食物中毒的食材。当然了，除了刺身以外的其他食材在料理过程中也都要注重卫生管理。但因为刺身本身就是生的，所以它的卫生管理更要慎之又慎。

如果只是10家连锁店的话，我还可以做到时常亲自去店里巡视，检查一下卫生是否达标、刺身的处理手法有没有问题等，甚至还可以亲口告诉每一个店员食品卫生的重要性。

但是，一旦规模上升到100家店铺、1000家店铺的话，这些就不是那么简单就能做到的了。

当我提出取消鸟贵族中的刺身类菜品时，不管是客人还是服务人员都表示过强烈反对。服务人员说"明明卖那么好，还是人气菜品呢"，客人则说"好喜欢吃那个，别不卖呀"。

即便如此，我还是果断地决定取消鸟贵族中的刺身菜品。之所以做这个决定，是源于保健所的人给我提出的意见。

"从保健所的角度来说,我们是希望贵店可以停止提供生鸡肉料理的。但是因为法律上并没有明文禁止,所以我们保健所也没办法强制贵店停止生鸡肉料理的供应。"

从保健所的职员的这些话中我看清了一个问题,那就是虽然生鸡肉料理本身并不是绝对危险的,但是如果不慎重处理的话,将会出现很大的卫生漏洞。在我看来,这些食品卫生方面的风险是绝不能让来鸟贵族的客人们承担的。

所以,为了能让100家店铺、1000家店铺的客人都能安心地品尝鸟贵族的料理,哪怕刺身是高人气菜品,也不得不忍痛割爱了。这一切的目的都是规避那哪怕万分之一的食品安全风险。

现如今,虽然牛的生肝脏刺身已被明文禁止提供,但是整个餐饮业内对于生肉类菜品的贩卖还没有明确的规章准则。如果继续这样下去,将会导致卫生问题频出,迟早有一天是会失去客人的信任的。

【铁则5】和其他的连锁加盟店携手同行

不仅仅是居酒屋,便利店、拉面店也同样有成功实施连锁经营的案例。这些连锁企业的店铺中不单单有直销店,还有很大一部分是以加盟店的形式参与的。我们鸟贵族也一样,目前的300家店铺中有很大一部分店铺都是加盟店的形式。这些加盟店的营业者通常都是个人。

但是,鸟贵族的一个与众不同的特点在于参与的加盟业主的数量。在便利店中,有许多业主只管理一家便利店,多的话也不超过十家,这样一来企业整体就会有多至数百人的加盟业主。而在我们鸟贵族,全体加盟业主的人数只有14人。这14位加盟业主基本上都同时经营着多家连锁店,其中有位加盟业主甚至一个人就经营着50家店。

我们经常会收到"如何才能成为鸟贵族加盟伙伴"这方面问题的咨询。事实上,我们完全不受理这类的咨询。因为现在想要成为鸟贵族的加盟伙伴,唯一的途径就是先成为鸟贵族的员工,然后再独立开店。

鸟贵族希望能够采取直销店和加盟店共同经营的双重方式。

只有这样,才能建立起强大的连锁经营链条。

目前加盟进来的业主大多数都是我的朋友,有在公司成立之前就一直照顾我的朋友,也有在公司创立时一起兼职工作的朋友。

例如,经营着三家鸟贵族加盟店的 City River 的总裁市川英治先生是我创业之前在一家烤串店当店长时认识的客人。后来当我创立鸟贵族公司时,作为一名大学生的市川英治先生还曾经在鸟贵族里兼职打过工。

那时候正值暑假期间,他在广岛老家帮助父母打理自家的美发店。但是，当我给他打电话说"今天做兼职的员工突然有事来不了了。你能来帮帮我吗？"的时候，他丝毫没有犹豫就立刻赶来了，对于他当时的义举我至今仍心存感激。在那个时候，我刚刚开始创业，资金和人员都没有可协调的空间，因此当那名兼职员工突然有事需要请假时，我的内心非常绝望。可以毫不夸张地说，在当时，一名兼职员工的状况就足以关系到整个店铺的生死存亡。

正因为建立了这样的彼此信任的关系，这些理解并坚守鸟贵族志向的加盟业主才能和我一起奋斗，也才可以使整个鸟贵族集团拥有现在的规模。

当然，随着店铺数量的增加，经营者的眼睛总会有看不到的地方，他们的声音也总有到不了的地方。

针对这一问题，为了保证统一的品质，鸟贵族尽可能地创建了一个比较合理的管理系统，同时也致力于寻找更多真正可靠的合作伙伴。

【铁则6】珍惜每一个志同道合的伙伴

当然了，除了这些加盟店的业主之外，为了能够顺利开展大规模连锁经营，经营者还需要在公司内部拥有更多志同道合的伙伴。

鸟贵族的优势之一是所有董事都曾经是鸟贵族的员工。目前除我以外还有四位董事，他们分别是中西卓己总监、青木繁则总监、福井贵康经理、道下聪经理。

中西总监在大学期间就在鸟贵族的1号店做兼职。大学毕业以后，他在一家建筑公司工作了大约一年，后来就加入了鸟贵族这个大家庭。

青木总监最初也是鸟贵族1号店的兼职人员，当他还在读大四时就已经成了第一家店的店长，大学毕业正式加入鸟贵族后他就一直是鸟贵族的一员。

福井经理则是在高中和大学期间在鸟贵族2号店做兼职，在大学毕业后，他便正式加入了鸟贵族的大家庭。

道下经理在大学期间也曾在鸟贵族2号店做兼职。毕业后，他在一家会计师事务所工作过，后来也再度回归了鸟贵族的大家庭。

就这样，他们每个人都是在鸟贵族中逐渐成长，从兼职一步步成为管理者的。起初，他们当中的一些人在选择鸟贵族就职时，曾被同学问道："为什么要去那种公司啊？"而现在，他们从当时的同学口中听到的则是"你当初的选择没有错"。其心情的转变不言而喻。

正是因为有这些伙伴和我一路互相扶持，鸟贵族才能有今日的成就。

从2012年起，鸟贵族开始正式大规模招聘大学毕业生，为的就是培养出更多优秀的管理人才。

虽然已经过去了很多年，但我至今仍未忘记第一次开展大学生招聘时的紧张心情。从开始创办鸟贵族起，我就一直在思索如何提高餐饮行业的社会地位这个问题。可悲的是，在整整27年后的今天，餐饮业在大学生的求职排名中还是最差的，社会地位改善这个目标还远远没有实现。

想要实现这一目标，我们现在要做的是，不仅现有的工作人员要一起努力，更重要的是需要通过雇用新的优秀人才，一同创建1000个甚至2000个优秀的连锁店，从而提高整个餐饮业的社会地位。

【铁则7】进军未知的领域时需要适度变通

另一方面，鸟贵族也已经到了不得不重新考虑那些传统原则的时候了。

到目前为止，我一直在强调需要考虑1000家、2000家店铺的运营模式。虽然这个考虑也是必要的，但对我来说是第一次经营超过300家店面的连锁企业，所以很多运营方式和决策也是在摸索中尝试的。

有些能够在50家连锁店规模上适用的运营方式，在面临100家店铺时就很有可能不太适用了。所以，这个时候我们要做的就是变通。变通中很重要的一项就是要考虑如何合理应用人才。

当公司还是 200 家连锁店规模的时候，仅仅有公司的老员工们就足够了。这些老员工也能确保我们公司的理念和企业文化一直贯彻下去。

可是当公司的规模逐渐扩张时，这样的人员构成就会显得有点力不从心了。

如果想要扩张组织结构，维持企业增长速度的话，企业就必须重新聘请一些有专业知识的优秀人才，给企业注入新的活力。

一般来说，为了实现某个目标，我会特意制定一个专门的策略。而在具体实施这个策略的过程中，我会非常明确需要什么类型的人才。在这个基础上，鸟贵族就会花重金从一些大公司聘请几名精通这个领域的优秀人才。

当然了，话虽如此，我们在招聘人才的同时也并不想打破企业本身的文化。因此，我们在招聘时往往会倾向于选择既有专业知识又能充分理解鸟贵族企业理念的人才。毕竟企业文化和信念才是我们鸟贵族最基本的原则与自豪感所在，无论何时鸟贵族都不会舍弃这一点。

第 5 章

向2000家店铺的目标奋进

第5章 向2000家店铺的目标奋进

在日本，大家都说单一产业的店铺最多开到1000家，但是我们鸟贵族的目标却是开设2000家连锁店。我们甚至还希望能够开拓海外市场，进而走向世界。为了能够实现这一宏伟的目标，让鸟贵族成为业内的传奇，我制订了详细的鸟贵族未来的发展蓝图以及奋斗路线。

● 参照其他店铺，快速开店

目前只有300家连锁店的鸟贵族想要发展成为拥有1000家甚至2000家店铺的品牌，这听起来可能有点像天方夜谭吧。

尽管我们在成立初期足足花了23年时间才发展到100家店铺，但是开到200家却只用了3年，现在几乎每周就有一家新店面开张营业。按照这个节奏进行下去，首先我们要在2016年（本书在日本首次出版的时间为2012年）实现1000家店铺的目标。再之后，我们要打破1000家店铺极限论的说法，向2000家连锁店的目标进发。

2011年3月发生的东日本大地震不仅对东北地区，还对关东区域乃至整个日本的经济带来了巨大的打击。而鸟贵族却只停业了一天就继续照常营业,在营业额低迷了一到两周后就成功恢复到之前的水平。与此同时,其他的大型连锁企业大多受到了更持久的影响,新店开业被推迟甚至取消的新闻更是数不胜数。与之相反,我们鸟贵族则依然按照震前的计划如期开设新店面,一边加速成长一边坚守着初心更加谨慎地经营。

虽然我们公开声明过"不在乎其他企业经营状况",但为了更快速地开设新店,我们还是对其他大型连锁企业进行了参照——参照了它们的新店面选址。

在东京,我们将其他连锁餐饮业的店面选址作为选址的基准,如果我们想要设点的区域内有这些连锁店的店面的话,我们就断定选在此处肯定可以成功。

其中一方面原因是,它们都是性价比相对高的连锁餐饮企业,因而凡是它们能够成功经营的区域必然会有喜欢鸟贵族并时常光顾我们的客户群。

对于新店铺的经营等方面我们都会充分仔细考量,但是在选址方面则不会做过多的调研。因为我们深知自己的优势并且足够自信,只要以其他大型连锁餐饮业的选址为参照,我们就能大致判断出这是一个合适的选址。这也是我们能够这么快速增设店铺的重要原因。

居酒屋的经营环境相当残酷。必要时，可考虑开拓新市场

随着人口减少、老龄化的加剧，日本的整体市场正在逐渐萎缩。

此外，由于年轻人酒类消费量的降低，提供酒类饮品的餐饮业也愈发艰难。据国立社会保障局人口问题研究所预测，2060年日本的人口将会降至8674万人，65岁以上的人口占比将达到39.9%。此外，凸版印刷株式会社的"2012年年轻人饮酒情况调查"数据显示，40~50岁区间的男性中有52.7%每周饮酒2次以上，30~40岁区间的男性中有41.9%每周饮酒2次以上，而在20~30岁区间的男性（除学生）中该比例仅为26.2%，女性中也是类似的结果。多项数据调查都表明，日本的年轻群体正在远离酒类。

综上，我们可以预见到日本的餐饮业将会在不久的将来进入寒冬。

实际上，现如今（这里指2012年）日本餐饮业的营业额（12000亿日元）已然相对于巅峰时期下降了近1/3。在这个背景下，不论是商界咨询师还是餐饮业的董事长都认为连锁店的开店极限是300家。

但是，在这种行情下，我依然没有舍弃开设1000家甚至2000家店铺的初心。之所以仍保持这种自信，是因为鸟贵族从

成立初期就立志于开拓"新的市场"。

通过对菜单、制服、装修、店名的全新颠覆，我们彻底改变了一直以来被视作"大叔聚集地"的烤串店的形象，让其成为年轻人以及女性顾客的消费场所，同时还放弃了类似于街边小摊的迷你收银台的设计。正是因为有这些理念以及为了实现它们而付出的不懈努力，鸟贵族才能够逐步发展到了目前的规模，也正是因为如今的成就，我们才有进一步开拓新市场的自信。

● 业界的界限越来越模糊。正因如此，我们才要进步更多

那么，我们应当怎样开拓新的市场呢？

便利店为独自居住的人提供了下班后轻松买到晚餐的便捷；西餐厅为全家人外出就餐提供了选择；居酒屋则是从公司下班回家的人一边吃小吃一边喝酒的地方……

像这样，在过去的餐饮业中各种店都有着明确的定位。

而如今这种界限正在逐渐消失。

便利店里有不少供全家人一起享用的菜品，也会有许多下酒菜出售。

西餐厅也会吸引不少下班回家以后想要小酌一杯的上班族。

由此看来，便利店和西餐厅都在抢夺着居酒屋的客源。但是换个角度来分析，目前餐饮业的界限正在被打破，鸟贵族也

第 5 章　向 2000 家店铺的目标奋进

正好可以乘机做出改变。

所谓的改变,是指在保留现有顾客的前提下,努力争取其他阶层的顾客,从而实现新市场的开拓。

另外,鸟贵族目前只在关西、首都圈和东海三个区域开设了店面,还没有开始涉足其他地域。因而鸟贵族在全国还有不少可以继续发展的余地。

而且即便是之前提到年轻群体逐渐远离酒类这一现象,对此我也并不担心。

日常生活中经常饮酒的年轻人正在减少确实是一个不可否认的事实,但是我认为这一现象产生的根源在于,传统餐饮业希望通过酒水的贩卖去大量赚钱的这一经营模式。由于我年轻时没钱,所以在店里喝酒的时候对价格特别敏感。除了酒吧等场所的鸡尾酒外,大多数店里的酒都是从瓶里直接倒出来的,不同于菜品需要加工和制作,店里的酒类往往不需要什么制作技巧却能以高出市面很多的价格出售。人们通常都知道酒类饮品的实际价格,因而在居酒屋里喝高价的酒时总会有所顾忌。

针对这一现象,我们鸟贵族的店铺采用了统一定价的原则,通过扭转利益结构来吸引年轻顾客。

正是因为这些方面的转变,鸟贵族才吸引到越来越多支持我们的顾客。

● 从2016年起开拓海外新市场

"鸟贵族不打算进军海外市场吗?"好久之前我的周围就有很多这样的疑问。

在过去,提起日本企业走向海外,人们往往想到制造业。高精尖技术和优良的品质是支撑日本制造业进军海外市场的强大武器。

但近年来,韩国、中国等新兴国家的制造业企业正在逐步缩小与日本的差距。

在这种态势下,日本在世界范围内打出了新的品牌——服务业。

日本的消费者对服务行业的要求最为严格,因而从这种环境下锻炼出来的日本服务业也就足以在世界扬名。

在海外旅游过的游客大都有这种感触:在大多数国家想要享受特别高品质的服务就不得不花很高的价钱。豪华酒店、高级餐厅的服务会非常优秀,然而在廉价的酒店、小规模的餐馆以及小卖铺消费时经常会遭遇很差的服务态度。而在日本,不论价格和档次的高低,大多数公司总能提供最高质量的服务。

事实上,不局限于制造业,近期日本的服务行业走向世界的成功案例非常多。

全家(FamilyMart)在海外的店铺数已经超过了日本国内的店铺数,保持着"全家风格"并将其传播至海外,从而培养了更多的人才。现在在中国大陆或是中国台湾的全家，也能像在日本一样听到一声声音饱满且令人心情愉悦的"欢迎光临"。

大和运输也迅速在亚洲发展起来，甚至在中国上海、香港，以及新加坡等地都有极好的市场。来送电器/行李的司机在将货物送到后取下帽子低头鞠躬，这一敬业态度让海外的客人感叹。

鸟贵族也同样计划在 2016 年（本书在日本首次出版的时间为 2012 年）完成 1000 家店铺的目标后，从 2017 年起将这些通过了日本市场考验的美味和高质量服务带到海外。

● 使当地的人们享受到更多的美食，在海外我们也能"自我陶醉"

我们认为鸟贵族的"自我陶醉"在海外市场也能够广受欢迎。

我曾在新加坡的几家餐馆就餐。

让我吃惊的是，不论是在厨房料理食物的员工还是在大厅的服务生都面无表情地工作着，不但没有用心，而且抱着厌恶的情绪做着工作。仅仅将手中的工作当作是任务来完成，完全没有将"好好为顾客烹饪料理，让客人开心地享用"这种理念带入到工作中。

与之相反，在日本人开设的餐饮店内，服务员都保持着微笑，工作中无不透露着对这一份事业的热爱。与我一同就餐的人却跟我说道:"这家日本人开的店是新加坡待客最好的店,而且食物也非常美味。"

近期亚洲各国的经济大多呈现蓬勃发展的态势,但各国的服务业水平却普遍没有跟上经济发展的步伐。

同时,反观日本,在连锁产业迅速发展之前,各店的服务水平似乎也没有那么高。当时的互联网行业、国际化社会的发展虽然相当迅猛,但是服务业还停留在20世纪六七十年代的水平。

在海外开设分店的目的并不单单是想把日本食物的口味传至海外,我们还希望对外输出我们的高水平服务,培养当地的服务业人才,从而提高各国人民的生活质量。这才是我们的最终目的。

鸟贵族是一家改变日本烤串店形象和概念,并成功开拓了全新市场的企业。我们希望保持着这种"自我陶醉"的精神,以提高各地人民的生活质量为最终目的走向海外市场。

● 开拓海外市场不分早晚

我们打算2017年(本书在日本首次出版的时间为2012年)着手开拓海外市场。

现在的亚洲经济正处于成长期,也许会有许多人认为应当抓紧机会向亚洲市场进军。据统计,2011年日本企业向亚洲各

第5章 向2000家店铺的目标奋进

国的投资额达到了3万亿日元,其中虽然有一部分通货膨胀的原因,但相比于2010年的2万亿日元还是创造了相当惊人的增长额。整个2011年日本企业创造了海外并购数以及并购金额的双重最高纪录。全世界都在以这样一种态势,向发展中国家市场大量投资扩张。

不少人一定会认为海外进军的行动一旦晚了的话恐怕市场将会被瓜分完毕。

即便如此我也认为不用太着急。

鸟贵族虽然在日本泡沫经济时代进入市场,但事实上并没有吃到泡沫经济的红利,相反正是由于泡沫经济导致房价升高,我们的新店开设的业务受到了一定程度的阻碍;在泡沫经济崩溃后,我们靠着自己味道和价格的优势广受好评,开店速度反而急速上升。

与当时的日本类似,现在高速发展的亚洲各国或多或少也存在经济泡沫的隐患。然而鸟贵族在面对这种市场隐患时却很坦然。恰恰是在这种经济发展不景气的时候,鸟贵族经营模式的优势才会更加凸显。对此,我们非常有自信。

在这个泡沫经济时期,整个亚洲都跟20世纪末的日本一样,不论物价还是房价都在一定程度上虚高。如果在这个时刻打入亚洲市场,由于成本偏高,我们的定位很容易变成面向高收入群体的高消费餐饮店。

这便与我们鸟贵族的理念背道而驰了。鸟贵族希望凭借味道和价格的优势同时吸引高收入和一般收入群体。

正如前文提到的，鸟贵族在开设新店时，为控制当地的鸡肉等食材的供应成本，店铺距原料产地的距离需要尽可能近，同时还需要当地具有完善的物流体系。

各国都有自己的具体国情，想要在当地推出与在日本同样的菜品和服务是有一些难度的。

相反，在日本境内尚且没有足够数量店铺的情况下，勉强在基建和物流尚不发达的亚洲各国开设新店的话，就要承担经济停滞的风险。这么做虽然还称不上孤注一掷，但其中的不可控因素确实过多。

在一片不熟悉的地方扩张业务时，整个地区的各方面建设是否完善显得尤为重要。

● 与梦想同行，立足现代，撰写未来

企业的未来发展蓝图大致如上文所述。同时我还认为，企业战略发展的制定是经营者最为重要的任务。

经营者需要以企业志向和经营理念为基础描绘出企业发展的完美蓝图，如果做不到这些，作为经营者就是严重的失职。

作为董事长必须再三地在脑海中思索企业将来的发展战略，这是经营者最为重要的职责，所以需要大量时间静下心来慢慢

思忖。

西科姆（SECOM）的创始人饭田亮每年都会有一周的独处时间，其间切断所有同外界的联络，专心思考企业的发展方向。

微软的比尔·盖茨也会每年安排一个月的时间远离日常工作，一边与家人共处一边研究公司的战略部署。

对于我而言，我会在每年春节（在日本，指公历1月1日）前，趁公司员工全部放假时一个人坐在桌前，远离平日的忙碌与喧嚣，仔细回顾这一年的得失并确立公司未来的战略发展目标。

此外，另一个对我而言思考企业未来的地点是新干线的车厢内。从大阪总部出发往东京方向需要乘坐大约2.5小时的新干线，这期间我不用同任何人讲话，可以静下心来仔细对事物进行认真思考。

在有了大体的战略架构后，公司营业部、市场开发部、管理部等部门会围绕企业的中期和长期计划开展讨论，最终确定具体的经营计划。

企业的中期和长期计划中如果没有融入梦想，就无法调动员工的激情，最终会导致失去企业最初的志向。

但如果只有梦想的话又容易导致制订出不切实际的规划。梦想需要想象力，但过多的想象力往往会导致脱离实际，因此在制订计划时需要各部门的详细探讨和精密计算。

总结下来就是需要胆大心细。

这二者究竟该如何平衡呢？经营学归根结底就是在探索这个问题。

日本资本主义之父涩泽荣一的《论语和算盘》一书被称作超越时代的名著，书中提到"成就事业既需要志向和理想，又需要如算盘般的缜密性"。

用我个人的话来转述，即为"企业经营的必要物是梦想+算盘"。

● 下一届董事长，贤者任之。愿企业屹立不倒

鸟贵族的目标是成为一家"永恒的企业"，希望100年、200年后，鸟贵族能依然坚持"自我陶醉"。

如今52岁的我绝对是不可能活那么久的，而且考虑到精力和体力的话，能够全身心投入工作的时间想必也就还有15~20年，因此我不得不开始培养公司的继承人。

"鸟贵族绝不是一家世袭制公司。"

这是我创业初期就公之于众的一条准则。

其中有两点理由：

第一，公司是公有物，不应将其私有化。

第二，要想让公司永远蓬勃发展下去，就需要让有能力且愿意投身于公司建设的人才来继承。所以并不限于我的家族中

的有能力者，况且家里人的追求也跟我完全不一样。志向不同的话处事方式和态度也就截然不同，而且我也本不想强行将家里的某个人束缚在这个职位上。

目前情况下，这种从公司选出优秀员工成为鸟贵族继任者的形式，是我对于选择继任者的真实想法。当然，我并没有否定那些家族世袭制的企业。

只是在鸟贵族这个大家庭中，我想要将继承者的位置留给最优秀的人。热爱鸟贵族，热爱每一名员工，并且能够继承鸟贵族的信念和志向，这些品质才是我最看重的。

在我和很多同行的经营者聊天时，他们总能给我一些关于如何选择下一任董事长的合理建议。

其中有一位总裁，他经营着一家很令我佩服的连锁餐厅品牌。他对公司的精英人才管理在业内广受赞誉，鸟贵族之前在这些方面也跟他们学到了很多。

有一次我们一同参加了一个会议。和这位总裁一起出席的还有他们公司的一名30岁左右的高层管理人员，而就是在那场会议上，这位总裁直接宣布，他的下一任继承人就是这名才30岁左右的年轻人。

我当时就问他为什么要选这个人。

当时，他只回答了我一句话："因为这个年轻人很懂得如何用人，知道什么样的人应该在什么样的位置。"

在管理方面，这是一项非常重要的能力。

有许多管理人员总是扮演着上帝的角色，他们似乎不喜欢员工持有不同意见，总是阻止员工提出自己的想法。然而事实上，很多时候，这些不同的声音和意见往往才是一家公司打开局面、迎来事业高峰最重要的资源。如果没有这些能够不断创新的员工，公司就只能一直按部就班，无限循环使用那些过时的管理模式，到最后只会不可避免地走向衰退。

简而言之，企业管理最重要的一点就是，管理者是否拥有一双能够听取各方意见的耳朵，这才是选择继任者最重要的标准。

另外，还有一个餐饮业经理的故事。那是一家急速成长的公司，经常通过收购其他公司去扩张事业。根据这家公司经理的说法，每次收购其他公司时遇到的优秀职员一般都是商品制造企业出身的。类似地，我还听说过一家公司在高薪招聘人才时只招其他制造业企业的资深管理人员。

再看看近期的那些大型餐饮业的总裁，好多人都是理工科出身。

这就是之前提到的"梦想+算盘"吧。

那些制造业公司出身的资深管理人员一般都善于精细的计算。他们的成本计算甚至已经精确到每分钱了，这一点恰恰符合对管理者的要求，因为经营学既是一门科学，又是一种数学。

综上所述，新的公司继承人在心怀企业文化和志向的同时，还要具备科学管理公司的能力。我接下来的任务之一就是为公司找到这样的继承者。

● 追梦一生，愿自己能带着对梦想的执着和不甘走到生命的尽头

鸟贵族的 1000 家、2000 家连锁店的目标和梦想，我希望能够由我的继承者们用他们自己的努力去亲手完成。

我希望将来在走到人生尽头之时仍能感受到对于事业未竟的不甘。

从我 20 多岁创业以来，就一直抱有这样的想法。

很多人都想把自己想做的事做完以后，再"圆满"地离开人世。这被称作一种不留遗憾的离开方式，也可以视其为一种人生态度。

但我并不喜欢这样的方式，如果我将所有的事情都完成了，将所有的愿望都圆满实现了，那我之后的人生将会变得十分无聊。

倘若你的生活中已经没有丝毫的遗憾了，那你还会感到幸福吗？也许，能感受到的就只剩下空虚了。

"带着未竟的梦想离开世界"，换言之就是"追逐自己的梦想，直到离去"。如果一个人在追逐梦想的过程中离开人世，这看起来或许是有遗憾的，但与此同时，这意味着一个人可以追逐他的梦想直到死去的那一刻。还有什么样的人生能够比逐梦

的一生更充实呢？

如果临走的那一瞬间，脑海中浮现的还是自己未完成的目标，那将是多么幸福的一生啊。

2000家连锁店、海外扩张事业……不知道这些愿望我能不能在有生之年看到。但我清楚的是，我会一直努力去实现这些目标，直到走到生命的尽头。

在接下来的日子里，我会继续和我的伙伴们一起，通过努力让鸟贵族的辉煌永远被全世界铭记。为了实现这一梦想，我们会继续"自我陶醉"地奋斗下去。

关于"服务的细节丛书"介绍：

东方出版社从 2012 年开始关注餐饮、零售、酒店业等服务行业的升级转型，为此从日本陆续引进了一套"服务的细节"丛书，是东方出版社"双百工程"出版战略之一，专门为中国服务业产业升级、转型提供思想武器。

所谓"双百工程"，是指东方出版社计划用 5 年时间，陆续从日本引进并出版在制造行业独领风骚、服务业有口皆碑的系列书籍各 100 种，以服务中国的经济转型升级。我们命名为"精益制造"和"服务的细节"两大系列。

我们的出版愿景："通过东方出版社'双百工程'的陆续出版，哪怕我们学到日本经验的一半，中国产业实力都会大大增强！"

到目前为止"服务的细节"系列已经出版 108 本，涵盖零售业、餐饮业、酒店业、医疗服务业、服装业等。

更多酒店业书籍请扫二维码

了解餐饮业书籍请扫二维码

了解零售业书籍请扫二维码

"服务的细节"系列

《卖得好的陈列》：日本"卖场设计第一人"永岛幸夫
定价：26.00元

《为何顾客会在店里生气》：家电卖场销售人员必读
定价：26.00元

《完全餐饮店》：一本旨在长期适用的餐饮店经营实务书
定价：32.00元

《完全商品陈列115例》：畅销的陈列就是将消费心理可视化
定价：30.00元

《让顾客爱上店铺1——东急手创馆》：零售业的非一般热销秘诀
定价：29.00元

《如何让顾客的不满产生利润》：重印25次之多的服务学经典著作
定价：29.00元

《新川服务圣经——餐饮店员工必学的52条待客之道》：日本"服务之神"新川义弘亲授服务论
定价：23.00元

《让顾客爱上店铺2——三宅一生》：日本最著名奢侈品品牌、时尚设计与商业活动完美平衡的典范
定价：28.00元

《摸过顾客的脚才能卖对鞋》：你所不知道的服务技巧，鞋子卖场销售的第一本书
定价：22.00 元

《繁荣店的问卷调查术》：成就服务业旺铺的问卷调查术
定价：26.00 元

《菜鸟餐饮店 30 天繁荣记》：帮助无数经营不善的店铺起死回生的日本餐饮第一顾问
定价：28.00 元

《最勾引顾客的招牌》：成功的招牌是最好的营销，好招牌分分钟替你召顾客！
定价：36.00 元

《会切西红柿，就能做餐饮》：没有比餐饮更好做的卖卖！ 饭店经营的"用户体验学"。
定价：28.00 元

《制造型零售业——7-ELEVEn 的服务升级》：看日本人如何将美国人经营破产的便利店打造为全球连锁便利店 NO.1！
定价：38.00 元

《店铺防盗》：7大步骤消灭外盗，11种方法杜绝内盗，最强大店铺防盗书！
定价：28.00元

《中小企业自媒体集客术》：教你玩转拉动型销售的7大自媒体集客工具，让顾客主动找上门！
定价：36.00元

《敢挑选顾客的店铺才能赚钱》：日本店铺招牌设计第一人亲授打造各行业旺铺的真实成功案例
定价：32.00元

《餐饮店投诉应对术》：日本23家顶级餐饮集团投诉应对标准手册，迄今为止最全面最权威最专业的餐饮业投诉应对书。
定价：28.00元

《大数据时代的社区小店》：大数据的小店实践先驱者、海尔电器的日本教练传授小店经营的数据之道
定价：28.00元

《线下体验店》：日本"体验式销售法"第一人教你如何赋予O2O最完美的着地！
定价：32.00元

《医患纠纷解决术》：日本医疗服务第一指导书，医院管理层、医疗一线人员必读书！ 医护专业入职必备！
定价：38.00 元

《迪士尼店长心法》：让迪士尼主题乐园里的餐饮店、零售店、酒店的服务成为公认第一的，不是硬件设施，而是店长的思维方式。
定价：28.00 元

《女装经营圣经》：上市一周就登上日本亚马逊畅销榜的女装成功经营学，中文版本终于面世！
定价：36.00 元

《医师接诊艺术》：2 秒速读患者表情，快速建立新赖关系！ 日本国宝级医生日野原重明先生重磅推荐！
定价：36.00 元

《超人气餐饮店促销大全》：图解型最完全实战型促销书，200 个历经检验的餐饮店促销成功案例，全方位深挖能让顾客进店的每一个突破点！
定价：46.80 元

《服务的初心》：服务的对象十人百样，服务的方式千变万化，唯有，初心不改！
定价：39.80 元

《最强导购成交术》：解决导购员最头疼的 55 个问题，快速提升成交率！
定价：36.00 元

《帝国酒店——恰到好处的服务》：日本第一国宾馆的 5 秒钟魅力神话，据说每一位客人都想再来一次！
定价：33.00 元

《餐饮店长如何带队伍》：解决餐饮店长头疼的问题——员工力！ 让团队帮你去赚钱！
定价：36.00 元

《漫画餐饮店经营》：老板、店长、厨师必须直面的 25 个营业额下降、顾客流失的场景
定价：36.00 元

《店铺服务体验师报告》：揭发你习以为常的待客漏洞　深挖你见怪不怪的服务死角　50 个客户极致体验法则
定价：38.00 元

《餐饮店超低风险运营策略》：致餐饮业有志创业者＆计划扩大规模的经营者＆与低迷经营苦战的管理者的最强支援书
定价：42.00 元

《零售现场力》：全世界销售额第一名的三越伊势丹董事长经营思想之集大成，不仅仅是零售业，对整个服务业来说，现场力都是第一要素。
定价：38.00 元

《别人家的店为什么卖得好》：畅销商品、人气旺铺的销售秘密到底在哪里？到底应该怎么学？人人都能玩得转的超简明 MBA
定价：38.00 元

《顶级销售员做单训练》：世界超级销售员亲述做单心得，亲手培养出数千名优秀销售员！日文原版自出版后每月加印 3 次，销售人员做单必备。
定价：38.00 元

《店长手绘 POP 引流术》：专治"顾客门前走，就是不进门"，让你顾客盈门、营业额不断上涨的 POP 引流术！
定价：39.80 元

《不懂大数据，怎么做餐饮？》：餐饮店倒闭的最大原因就是"讨厌数据的糊涂账"经营模式。
定价：38.00 元

《零售店长就该这么干》：电商时代的实体店长自我变革。
定价：38.00 元

《生鲜超市工作手册蔬果篇》：海量图解日本生鲜超市先进管理技能
定价：38.00 元

《生鲜超市工作手册肉禽篇》：海量图解日本生鲜超市先进管理技能
定价：38.00 元

《生鲜超市工作手册水产篇》：海量图解日本生鲜超市先进管理技能
定价：38.00 元

《生鲜超市工作手册日配篇》：海量图解日本生鲜超市先进管理技能
定价：38.00 元

《生鲜超市工作手册副食调料篇》：海量图解日本生鲜超市先进管理技能
定价：48.00 元

《生鲜超市工作手册 POP 篇》：海量图解日本生鲜超市先进管理技能
定价：38.00 元

《日本新干线 7 分钟清扫奇迹》：我们的商品不是清扫，而是"旅途的回忆"
定价：39.80 元

《像顾客一样思考》：不懂你，又怎样搞定你？
定价：38.00 元

《好服务是设计出来的》：设计，是对服务的思考
定价：38.00元

《让头回客成为回头客》：回头客才是企业持续盈利的基石
定价：38.00元

《餐饮连锁这样做》：日本餐饮连锁店经营指导第一人
定价：39.00元

《养老院长的12堂管理辅导课》：90%的养老院长管理烦恼在这里都能找到答案
定价：39.80元

《大数据时代的医疗革命》：不放过每一个数据，不轻视每一个偶然
定价：38.00元

《如何战胜竞争店》：在众多同类型店铺中脱颖而出
定价：38.00元

《这样打造一流卖场》：能让顾客快乐购物的才是一流卖场
定价：38.00元

《店长促销烦恼急救箱》：经营者、店长、店员都必读的"经营学问书"
定价：38.00元

《餐饮店爆品打造与集客法则》：迅速提高营业额的"五感菜品"与"集客步骤"
定价：58.00元

《赚钱美发店的经营学问》：一本书全方位掌握一流美发店经营知识
定价：52.00元

《新零售全渠道战略》：让顾客认识到"这家店真好，可以随时随地下单、取货"
定价：48.00元

《良医有道：成为好医生的100个指路牌》：做医生，走经由"救治和帮助别人而使自己圆满"的道路
定价：58.00元

《口腔诊所经营88法则》：引领数百家口腔诊所走向成功的日本口腔经营之神的策略
定价：45.00元

《来自2万名店长的餐饮投诉应对术》：如何搞定世界上最挑剔的顾客
定价：48.00元

《超市经营数据分析、管理指南》：来自日本的超市精细化管理实操读本
定价：60.00元

《超市管理者现场工作指南》：来自日本的超市精细化管理实操读本
定价：60.00元

《超市投诉现场应对指南》：来自日本的超市精细化管理实操读本
定价： 60.00 元

《超市现场陈列与展示指南》
定价： 60.00 元

《向日本超市店长学习合法经营之道》
定价： 78.00 元

《让食品网店销售额增加 10 倍的技巧》
定价： 68.00 元

《让顾客不请自来！卖场打造 84 法则》
定价： 68.00 元

《有趣就畅销！商品陈列 99 法则》
定价： 68.00 元

《成为区域旺店第一步——竞争店调查》
定价： 68.00 元

《餐饮店如何打造获利菜单》
定价： 68.00 元

《日本家具 & 家居零售巨头 NITORI 的成功五原则》
定价： 58.00 元

《咖啡店卖的并不是咖啡》
定价： 68.00 元

《革新餐饮业态： 胡椒厨房创始人的突破之道》
定价： 58.00 元

《餐饮店简单改换门面， 就能增加新顾客》
定价： 68.00 元

《让 POP 会讲故事， 商品就能卖得好》
定价： 68.00 元

《经营自有品牌： 来自欧美市场的实践与调查》
定价： 78.00 元

《卖场数据化经营》
定价： 58.00 元

《超市店长工作术》
定价： 58.00 元

《习惯购买的力量》
定价： 68.00 元

《7-ELEVEn 的订货力》
定价： 58.00 元

《与零售巨头亚马逊共生》
定价： 58.00 元

《下一代零售连锁的 7 个经营思路》
定价： 68.00 元

《唤起感动： 丽思卡尔顿酒店"不可思议"的服务》
定价： 58.00 元

《7-ELEVEn 物流秘籍》
定价： 68.00 元

《价格坚挺， 精品超市的经营秘诀》
定价： 58.00 元

《超市转型： 做顾客的饮食生活规划师》
定价： 68.00 元

《连锁店商品开发》
定价： 68.00 元

《顾客爱吃才畅销》
定价： 58.00 元

《便利店差异化经营——罗森》
定价： 68.00 元

《餐饮营销 1： 创造回头客的 35 个开关》
定价： 68.00 元

《餐饮营销 2： 让顾客口口相传的 35 个开关》
定价： 68.00 元

《餐饮营销 3： 让顾客感动的小餐饮店"纪念日营销"》
定价： 68.00 元

《餐饮营销 4： 打造顾客支持型餐饮店 7 步骤》
定价： 68.00 元

《餐饮营销 5： 让餐饮店坐满女顾客的色彩营销》
定价： 68.00 元

《餐饮创业实战 1： 来， 开家小小餐饮店》
定价： 68.00 元

《餐饮创业实战 2： 小投资、 低风险开店开业教科书》
定价： 88.00 元

《餐饮创业实战 3： 人气旺店是这样做成的！》
定价： 68.00 元

《餐饮创业实战 4： 三个菜品就能打造一家旺店》
定价： 68.00 元

《餐饮创业实战 5： 做好"外卖"更赚钱》
定价： 68.00 元

《餐饮创业实战 6： 喜气的店客常来， 快乐的人福必至》
定价： 68.00 元

《丽思卡尔顿酒店的不传之秘： 超越服务的瞬间》
定价： 58.00 元

《丽思卡尔顿酒店的不传之秘： 纽带诞生的瞬间》
定价： 58.00 元

《丽思卡尔顿酒店的不传之秘：抓住人心的服务实践手册》
定价：58.00元

《廉价王：我的"唐吉诃德"人生》
定价：68.00元

《7-ELEVEn一号店：生意兴隆的秘密》
定价：58.00元

更多本系列精品图书，敬请期待！